세 가지 신자수업

세 가지 신자수업

초판 1쇄 발행 | 2019년 1월 25일

지 은 이 | 유상섭
펴 낸 이 | 이한민
펴 낸 곳 | 아르카

등록번호 | 제307-2017-18호
등록일자 | 2017년 3월 22일
주   소 | 서울 성북구 숭인로2길 61 길음동부센트레빌 106-1805
전   화 | 010-9510-7383
이 메 일 | arca_pub@naver.com
홈페이지 | www.arca.kr
블 로 그 | arca_pub.blog.me
페이스북 | fb.me/ARCApulishing

책   값 | 뒤표지에 있습니다
I S B N | 979-11-89393-02-1

아르카ARCA는 기독출판사이며 방주ARK의 라틴어입니다(창 6:15).
네가 만들 방주는 이러하니… 새가 그 종류대로, 가축이 그 종류대로,
땅에 기는 모든 것이 그 종류대로 각기 둘씩 네게로 나아오리니 그 생명을 보존하게 하라 _창 6:15,20

세 가지

신자
수업

유상섭 지음

아르카

신자다운 신자는
어떤 신자인가?

한국교회는 한동안 폭발적인 성장으로 세계의 기독교계를 놀라게 했다. 세계 어디를 가도 한국만큼 밤에 네온사인 십자가가 밝게 빛나는 곳은 없다. 하지만 1990년대 초반부터 교회는 성장보다 정체를 염려하기 시작했다. 주일학교가 없는 교회들이 빠른 속도로 증가하고 있다. 젊은이들은 교회를 떠나며, 교인들의 노령화는 한국사회의 노령화 속도만큼 빠르게 진행되고 있다. 세상이 교회와 신자들을 보는 눈은 매서울 정도로 부정적이고 냉소적이다.

오늘날 신자들은 짠맛을 잃은 소금이 땅에 밟히는 것과 같이 되었다. 목사답지 않은 목사, 신자답지 않은 신자, 교회답지 않은 교회가 너무 많다고 한다. 그렇게 많은 목회자, 신자, 교회가 있는데 진짜는 찾아보기 어렵다고 한다. 심지어 예수를 믿는 것과 예수님처럼 사는 것이 전혀 관계없는 것처럼, 예수 믿는 사람들이 성경과 다르게, 예수님의 모습과 다르게 살아간다고 한다. 130여년 역사를 가진 한국교회가 많은 사람들이 예수 믿게 하는 데는 성공했지만, 믿는 자들이 성경대로 예수님처럼 사는 데는 실패했다고 한다.

이러한 암울한 상황에도 소망은 있다. 이 땅에 사는 하나님의 자녀들이 하나님의 자녀답게 회복되는 것이다. 성경의 교훈대로 신앙 생활의 본질과 진면목을 회복하는 것이다.

그렇다면 '신자다운 신자는 어떤 신자인가?'

도대체 '성숙한 신자는 어떤 신자인가?'

필자는 이 질문에 대한 해답을 요한일서 2장 12-14절에서 찾는다. 요한일서 본문에 소개된 세 단어, '자녀', '아비', '청년'의 모습을 가진 신자라는 것이다.

신자다운 신자, 곧 성숙한 신자란 하나님 앞에서는 자녀의 모습으로 사는 신자이다. 사람에게는 아버지의 모습으로 사랑을 베풀고 책임지며 사는 신자이다. 세상에서는 청년의 모습으로 죄와 싸워 이기며 사는 신자이다.

　이 책은 핵심 키워드 '자녀', '아비', '청년'이라는 단어를 중심으로 1부는 하나님 앞에서 자녀의 모습으로 사는 신자에 대하여 다룬다. 2부는 사람들에게 사랑을 베풀고 책임지는 어른의 모습으로 사는 신자에 대하여 다룬다. 3부는 세상에서 죄와 싸워 이기는 청년의 모습으로 사는 신자를 다룬다. 이 모든 이야기의 출발점은 요한일서 2장 12-14절이다. 이 본문에서 출발하여, 관련된 성경의 다른 내용들을 더하여 각 부의 주제를 다루는 것이다.

　바라기는 이 책의 내용을 통해 목회자와 신자들이 신자의 기본기와 신앙의 본질을 회복하는 데 조금이라도 도움이 되었으면 한다.

창신교회 목양실에서
유상섭 목사

¹²자녀들아 내가 너희에게 쓰는 것은 너희 죄가 그의 이름으로 말미암아 사함을 받았음이요 ¹³아비들아 내가 너희에게 쓰는 것은 너희가 태초부터 계신 이를 알았음이요 청년들아 내가 너희에게 쓰는 것은 너희가 악한 자를 이기었음이라 ¹⁴아이들아 내가 너희에게 쓴 것은 너희가 아버지를 알았음이요 아비들아 내가 너희에게 쓴 것은 너희가 태초부터 계신 이를 알았음이요 청년들아 내가 너희에게 쓴 것은 너희가 강하고 하나님의 말씀이 너희 안에 거하시며 너희가 흉악한 자를 이기었음이라 _요한일서 2장 12-14절

INTRO

신자의
세 가지 호칭

PART 1

하나님 앞에서는 멋지고
당당한 자녀

PART 2

사람들에게 사랑을 베풀고
책임지는 어른

PART 3

세상에서 죄와 싸워
이기는 청년

세 호칭 :
자녀, 아비, 청년

___

요한일서 2장 12절부터 14절에는 '자녀', '아비', '청년'이라는 세 단어가 각각 두 번씩 나옵니다. 12절과 13절에 세 단어가 한 번씩 나오고, 14절에 세 단어가 한 번에 등장합니다.

　12절에는 '자녀들아 내가 너희에게 쓰는 것은', 13절 전반부에는 '아비들아 내가 너희에게 쓰는 것은', 후반부에는 '청년들아 내가 너희에게 쓰는 것은'이라고 각각 말합니다. 똑같은 방식으로 14절에 한 번 더 '아이들아 내가 너희에게 쓴 것은', '아비들아 내가 너희에게 쓴 것은', '청년들아 내가 너희에게 쓴 것은'이라고 반복합니다.

　세 단어는 성숙한 신자의 세 가지 역할을 1인 3역처럼 보여줌니다. 1인 3역이란 본문이 말씀하고 있는 것과 같이 신자가 각기 다른 관계에서 어떤 때는 자녀로, 어떤 때는 아비로, 어떤 때는 청년의 모습으로 사는 것을 말합니다. 하나님의 자녀인 신자들은 어떤 형편과 처지에 있든지 하나님 앞에서는 자녀(아이)로, 사람들에게는 베풀고 책임지는 아비(어른)로, 세상에서는 말씀으로 무장된 청년(군사)으로서 죄와 싸워 이기며 사는 자입니다. 이런 신자가 1인 3역을 하는 성숙한 신자라고 할 수 있습니다. 이렇게 이해하는 근거와 그 내용에 대하여 생각해봅시다. 이 세 단어의 각각의 의미를 정확하게 알기 위해서는 요한일서의 저자 사도 요한이 어떤 의도로 이 단어들을 골라 썼는지 파악해야 합니다.

신자와 하나님과의 관계를 규정하는 가장 근본적인 단어는 '자녀'입니다. 사도 요한이 요한일서에서 가장 빈번하게 사용하는 호칭인 '자녀들아'는 하나님의 모든 자녀를 일컫는 보편적이고 일반적인 칭호입니다. 사실 신자가 교회생활과 신앙생활을 하면서 가장 많이 듣고 사용하는 표현이 '하나님의 자녀'입니다.

요한일서는 '하나님의 아들' 또는 '하나님의 딸'이란 표현보다, 포괄적으로 '하나님의 자녀'란 말을 주로 사용합니다. 이 표현은 본서에 일곱 번 등장합니다. 요한일서 2장 1절의 '나의 자녀들아', 12절의 '자녀들아', 14절의 '아이들아', 18절의 '아이들아', 3장 7절의 '자녀들아', 4장 4절의 '자녀들아', 마지막으로 5장 21

절의 '자녀들아'입니다. 이것은 신자와 하나님과의 관계를 보여주는 핵심 단어입니다.

그런데 본문에서 주목해야 하는 표현은 '자녀들아'(12절) 다음에 나오는 '아비들아'입니다(13절). 이 표현은 성경에서 일반적으로 육신의 부모를 가리킵니다(엡 6:4; 골 3:21). 그러나 본문에서는 아주 독특하게 연령과 관계없이 성숙한 성도 전체를 가리키는 표현으로 쓰이고 있습니다. 이 단어가 성경에서 이런 뜻으로 쓰인 곳은 본문이 유일합니다.

13-14절의 '청년들아'라는 표현도 디모데후서에 나옵니다(딤후 2:22 '청년의 정욕을 피하고'). 이 단어도 '아비들아'란 표현과 같이 요한일서에서 성숙한 성도 전체를 가리키는 표현으로 유일하게 사용됩니다.

02

—

세 호칭의 언급 순서

—

세 칭호를 정확하게 이해하기 위해 주목할 중요한 사실 하나가 있습니다. 이 세 호칭이 언급된 순서가 우리가 일반적으로 언급하는 순서와 다르다는 것입니다.

세 호칭의 순서는 '자녀들아', '아비들아', '청년들아'입니다. 일반적으로 언급하는 순서는 연령상 아래부터 위로 '아이들아', '청년들아', '아비들아'이거나, 위로부터 아래로 '아비들아', '청년들아', '자녀들아'(혹은 '아이들아')입니다. 그러나 본문은 통상적으로 사용하는 순서와 다르게 아이와 청년 사이에 아비를 언급합니다. 저자가 나이가 너무 많아 분별 능력이 떨어져 실수로 아비를 중간에 언급한 것이거나, 아무런 생각 없이 순서를 무시하고 언급했다고 볼 수는 없습니다. 이유가 있을 것입니다.

우리는 일반적으로 성경을 읽을 때 골똘히 생각하지 않는 경향이 있습니다. 그렇기 때문에 하나님께서 성경의 미묘한 표현방식을 통해서도 우리에게 주시는 교훈을 놓칠 때가 종종 있습니다. '왜 저자는 이러한 순서로 언급했을까?'라고 생각하면서 본문을 읽고 또 읽을 때, 세 호칭을 이런 순서로 배열한 의도를 깨달을 수 있을 것입니다.

이 세 호칭은 구약성경의 요엘서에 나옵니다(욜 2:28). 사도 베드로는 오순절에 성령강림 사건을 설명하기 위해 요엘서의 구절을 인용했습니다(행 2:17). 구약성경(마소렛 사본)과 칠십인경(LXX)의 요엘서에는 이 세 호칭이 요한일서의 순서대로 등장합니다. 그러나 우리말 개역성경을 비롯하여 대부분의 영역성경에는 세 호칭이 나이 순서에 따라 나옵니다. 베드로 사도는 요엘서를 인용하면서 "하나님이 말씀하시기를 말세에 내가 내 영을 모든 육체에 부어주리니 너희의 자녀들은 예언할 것이요 너희의 젊은이들은 환상을 보고 너희 늙은이들은 꿈을 꾸리라"라고 말했습니다. 여기서 세 호칭이 언급된 순서는 '자녀', '젊은이', '늙은이'입니다.

반면 구약성경인 요엘서에는 "그 후에 내가 내 영을 만민에게 부어 주리니 너희 자녀들이 장래 일을 말할 것이며 너희 늙은이는 꿈을 꾸며 너희 젊은이는 이상을 볼 것이며"로 표현합니다. 여기서 언급된 순서는 '자녀', '늙은이', '젊은이'입니다. 요엘서의 이 세 호칭은 분명 하나님의 모든 백성을 가르치는 것으로서 단순히 나이와 연령에 따른 구분입니다.

구약의 요엘서와 요한일서에서 세 호칭의 언급 순서가 동일한 것은 사실입니다. 하지만 요한일서에서는 요엘서와 같이 세 용어를 동일한 의미로 사용하지 않습니다. 요한은 단지 연령의 구분을 넘어, 신앙의 성숙과 관련하여 자신의 깊은 생각을 반영하기 위해 자녀와 아비와 청년의 순서로 배열한 것으로 보입니다.

신자의 세 가지 역할

―

세 호칭과 연결되어 나오는 내용은 각 호칭의 의미를 알려주는 역할을 합니다. 각 호칭의 의미는 호칭과 관련하여 각각 진술된 내용과 아주 밀접하게 연결되어 있기 때문입니다.

첫째, 자녀들과 관련해서 진술된 내용은 2장 12절의 "너희 죄가 그의 이름으로 말미암아 사함을 받았음이요"와 14절 앞부분의 "아이들아 내가 너희에게 쓴 것은 너희가 아버지를 알았음이요"입니다. 자녀들과 관련한 두 내용은 '그들이 죄 용서를 받았다는 것'과 '그들이 아버지를 알았다는 것'입니다.

둘째, 아비들과 관련된 내용은 13절과 14절의 "너희가 태초부터 계신 이를 알았음이요"라는 내용과 동일합니다.

셋째, 청년들과 관련된 기록은 13절 뒷부분의 "너희가 악한 자를 이기었음이라"와 14절의 "너희가 강하고 하나님의 말씀이 너희 안에 거하시며 너희가 흉악한 자를 이기었음이라"입니다.

이렇게 저자는 아이와 관련해서는 죄 용서와 하나님 아버지를 아는 것, 아비와 관련해서는 태초부터 계신 이를 알았다는 것, 그리고 청년들과 관련해서는 악마, 곧 흉악한 자를 이겼다는 것을 각각 구분해서 기술했습니다. 이것은 저자가 사용한 호칭과 진술된 내용을 아주 긴밀하게 연결했음을 암시합니다.

세 호칭과 연결된 각 내용은 어떤 성도는 자녀이고, 어떤 성도는 아비이며, 어떤 성도는 청년이라는 것이 아닙니다. 오히려 신자 한 사람이 각각 다른 위치와 관계에서 세 가지의 다른 역할을 하는 것을 의미합니다. 세 가지 모두 성숙하기를 원하는 신자 모두가 평생 추구해야 할 삶의 내용이라고 할 수 있습니다. 어린이의 단계를 넘으면 아비의 단계를 추구하고, 아비의 단계를 넘으면 마지막으로 청년의 단계를 추구하는 것이 아닙니다. 세 가지 역할은 동시에 계속 추구해야 할 일입니다.

2002년 서울에서 열린 월드컵을 계기로, 21세기 축구를 이야기할 때 멀티플레이어(multi-player)가 절대적으로 중요하다고 말합니다. 이러한 맥락에서 현대 축구를 토탈 싸커(total soccer)라고 말하기도 합니다. 전원이 공격하고 전원이 수비하는 빠르고 효율적인 축구를 의미합니다. 그래서 요즘 축구에서는 한 선수가 여러 포지션을 탁월하게 소화할 수 있어야 유능한 다기능 선수라고 할 수 있습니다. 대표적인 선수가 박지성이라고 합니다. 그는 거의 모든 포지션을 잘 소화하며 지칠 줄 모르는 체력으로 90분간 축구장을 누비기 때문입니다. 신자들도 이와 같이 주어진 상황과 관계에 따라 어떤 때는 자녀로, 어떤 때는 아비로, 어떤 때는 청년의 모습으로 살려고 힘써야 합니다. 이것이 성장하고 성숙하는 신자의 1인 3역이라 할 수 있습니다. 그럴 때 신자는 비로소 참으로 영적인 멀티플레이어가 될 것입니다.

모든 신자가 탁월하게 자녀, 아비, 청년으로서 1인 3역을 하는 것은 한국교회와 신자가 사회로부터 많은 지탄과 비난을 받고 있는 현 상황에 절실하게 요구되는 신자다운 삶의 핵심입니다. 신자가 자녀와 아비와 청년으로서 어떤 관계에서 각기 다른 역할을 해야 하는지에 대해 좀 더 구체적으로 생각해봅시다.

자녀들아 내가 너희에게 쓰는 것은
너희 죄가 그의 이름으로 말미암아 사함을 받았음이요

아이들아 내가 너희에게 쓴 것은
너희가 아버지를 알았음이요

하나님 앞에서는 멋지고
당당한 자녀

하나님의 가족 구성원

다음 도표(하나님의 가족 구성원)는 하나님의 가족이 어떻게 구성되어 있는지 보여줍니다. 맨 위에 하나님 아버지께서 계시고, 그 아래 하나님의 아들 예수께서 계십니다. 물론 예수께서는 하나님 아버지와 동등하신 아들 하나님이십니다. 신자는 예수님의 피 공로로 하나님의 자녀가 되었습니다.

여기서 기억해야 할 것은 하나님의 자녀들 사이에 형제 혹은 자매 관계가 성립된다는 것입니다. 동일한 부모에게서 태어난 자녀들 사이에 형제자매라는 가족 관계가 성립되는 것과 마찬가지입니다.

예수께서는 성령의 특별한 역사로 처녀 마리아의 몸에서 태어

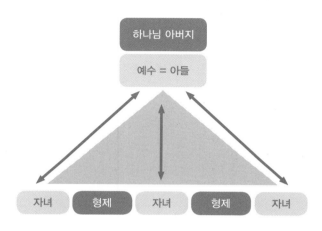

형제는 남녀 신자를 가리킨다.

나셨습니다. 모든 신자는 성령의 역사를 통하여 복음의 말씀으로 거듭나(중생하여) 예수님을 믿기 시작했습니다(요 1:12-13). 하나님께서는 이 '시작된 믿음'에 근거하여 우리를 그의 자녀로 삼아 주셨습니다(요 1:12). 신자는 수직적으로 하나님의 자녀이고, 수평적으로 형제 또는 자매입니다. 이것은 예수 그리스도를 주님으로 믿는 신자들이 모두 하나님의 가족이 되는 것을 의미합니다. 성령 하나님께서는 아버지와 아들 그리고 신자 모두를 한 가족으로 묶어주는 결속과 하나됨의 영원한 띠입니다(엡 4:3).

여기서 잊지 말아야 할 중요한 것이 있습니다. 하나님의 아들 예수님과 하나님의 자녀인 신자들 사이에 존재하는 분명한 구분입니다. 저자 요한은 '아들'과 '자녀'라는 단어를 구별하여 사용합니다. 예수께서는 하나님의 아들이시고, 믿는 우리는 자녀라는 구분입니다. 이러한 구분은 저자 요한이 쓴 요한복음과 요한일서에 아주 독특하게 나옵니다. 요한의 책 어디에도 예수님이 하나님의 자녀라고 불리거나 표현되지 않습니다. 예수님은 언제나 하나님의 아들로 소개됩니다. 이 사실과 함께 신자는 하나님의 아들로 불리지 않고 오직 하나님의 자녀로만 불립니다. 이것은 예수께서 하나님의 아들 되심과 신자가 하나님의 자녀 됨의 차원이 본질적으로 다름을 보여줍니다. 이러한 구분은 공관복음과 바울서신과 일반서신에는 없습니다. 예수님도 신자들도 동일한 호칭, 곧 하나님의 아들로 불리기 때문입니다(마 5:9,48; 롬 8:3,14; 갈 4:4-6; 엡 1:5; 4:13; 살전 1:10; 5:5; 히 5:5,8; 12:5-7).

신자가 하나님의 자녀들이 된 것은 근본적으로 하나님의 온전한 아들이신 예수 그리스도의 은혜로 말미암은 것입니다. 따라서 신자가 하나님의 자녀들이라고 해도 그의 독특하고 완전한 아들 예수님과 결코 동급이 될 수 없는 것입니다. 예수께서는 언제나 순종하는 완전한 아들이지만 우리는 죄와 허물로 죽었던 불순종의 자녀들이었고, 자녀가 된 후에도 여전히 온전히 순종하지 못하고 있습니다. 예수님은 하나님의 아들로서 모든 신자들 위에, 모든 신자는 그 아래에서 형제와 자매로 각각 구별되게 위치합니다.

하나님과 신자 개인의 관계를 말할 때는 '자녀' 또는 '아이'라는 단어가 사용됩니다. 내 옆에 있는 아무에게 자녀라고 말할 수 없지만 내 자식에게는 자녀라고 부릅니다. 이처럼 하나님 앞에서 모든 신자는 그분의 자녀입니다. 이것이 모든 신자가 가장 근본적으로 가져야 할 자녀 의식입니다.

사실 신자의 가장 근본적인 역할은 하나님 앞에서 자녀 의식을 가지는 것입니다. 자녀 의식을 가진다는 것은 하나님을 아버지로 모시고 아버지처럼 대하는 것을 뜻합니다. 그래서 저자는 '자녀' 또는 '아이'란 호칭을 가장 먼저, 가장 비중 있게 사용한 것입니다. 신자의 삶에서는 하나님 아버지 의식과 자녀 의식이 가장 중요합니다.

05

하나님의 사랑으로
자녀가 된 신자

본문에서 '자녀'와 '사랑하는 자들아'라는 두 단어는 상호 교환적으로 쓰입니다. 2장 1절의 '나의 자녀들아'는 7절에서 '사랑하는 자들아'로 불립니다. 이 단어들은 동일하게 신자를 지칭하는 것으로 12절에서 '자녀들아', 18절에서 '아이들아', 3장 1절에서 '자녀', 2절에서 '사랑하는 자들아'로 다르게 불립니다. 또한 3장 7절에 '자녀들아'가 나옵니다. 3장 21절과 4장 1절에서 '사랑하는 자들아'는 3장 7절의 자녀들을 가리키기 위해 사용되었습니다. 또다시 4장 4절의 '자녀들아'가 7절에서 '사랑하는 자들아'로 다르게 표현됩니다. 이러한 사실들을 정리해보면 '사랑하는 자들아'는 6번, '자녀'는 7번 각각 나옵니다. 하나님의 자녀들에게 붙여진

'사랑하는 자들아'는 그들이 어떻게 하나님의 자녀가 되었는지를 설명하는 애정 어린 표현입니다.

'사랑하는 자들아'가 누가 누구를 사랑한다는 호칭인지 생각해 봅시다. 이것은 요한일서의 저자가 "독자들을 사랑한다"는 말이 아닙니다. 물론 이러한 의미가 전혀 없는 것은 아닙니다. 그러나 저자 요한이 이 표현을 쓸 때 동사 '사랑하다'를 능동형으로 쓰지 않고 수동형 '사랑 받다' 또는 '사랑을 입다'로 쓴 것을 주목해야 합니다. 저자가 이 표현을 통해 강조하는 것은 "그들이 하나님께 사랑을 받았다"는 뜻입니다.

사실 우리말 성경의 '사랑하는 자들아'라는 표현은 헬라어의 의미를 정확하게 반영하지 못합니다. '사랑하는 자들'의 헬라어 뜻은 '하나님의 사랑을 입은 자들'입니다. 그래서 '자녀들아'라고 부르든 '사랑을 입은 자들아'라고 부르든, 이 두 용어는 신자와 하나님과의 수직적인 관계를 우선적으로 표현합니다.

'사랑하는 자들아'라는 표현과 같이, 교회에서 인기 있는 찬양곡 가운데 그 뜻을 왜곡한 곡이 있습니다. '당신은 사랑받기 위해 태어난 사람'이라는 찬양곡입니다. 교회마다 이 곡을 너무 많이 불러 그런지 모르지만, 모두 서로에게 사랑을 받으려고 몸부림치는 것 같습니다. 마치 서로가 '나는 당신에게 사랑을 받을 자격이 있으니 사랑해주세요"라고 외치는 것 같습니다. 이제는 이 찬양곡을 부르는 것을 자제해야 할지 모릅니다. 왜냐하면 신자들은 사랑받기 위해 태어난 것이 아니라 하나님의 사랑을 받아 태어났으며, 사랑받아 태어났기에 형제들을 사랑하기 때문입니다.

신자들은 사람들의 사랑을 받기 위해 태어난 것이 아니라 하나님의 사랑을 받아 태어났고 그의 사랑 안에서 자라고 성숙하고 있는 자들입니다. 굳이 이 곡을 계속 부르고 싶다면 2절을 추가하여 부를 필요가 있습니다. 1절은 "당신은 하나님의 사랑을 받아 태어난 사람"으로, 새로운 2절은 "당신은 사랑하기 위해 태어난 사람, 당신의 삶 속에서 그 사랑 하고 있나요, 태초부터 시작된 하나님의 사랑은 당신의 사랑을 통해 열매를 맺고, 당신이 이 세상에서 사랑함으로 인해 우리에게 얼마나 큰 기쁨이 되는지, 당신은 사랑하기 위해 태어난 사람, 지금도 그 사랑 하고 있나요"라고 부르기 바랍니다. 신자 모두는 하나님의 사랑을 받아 이 세상에 태어났고, 그 동일한 사랑으로 중생하여 하나님의 자녀가 되었으니, 사랑하며 살아야 한다는 뜻으로 이 찬양곡을 새롭게 해야 할 것입니다.

'사랑하는 자들아', 좀더 정확하게 '하나님의 사랑을 입은 자들아'라는 문구와 관련하여 기억해야 할 것이 있습니다. 단수 '사랑을 받은 자'는 하나님의 영원한 사랑의 대상이신 예수님을 가리킵니다(마 3:17; 17:5). 반면 복수 '사랑하는 자들' 혹은 '사랑을 입은 자들'은 언제나 신자들을 가리킵니다. 예수께서는 하나님의 사랑을 영원히 입은 자이며, 그 예수님을 믿는 우리는 예수님 때문에 하나님의 사랑을 영원히 입는 자들이 되었습니다. 따라서 신자는 언제 어디서나 어떤 형편과 처지에 있든지 자신의 가장 고결하고 복된 신분, 곧 하나님의 자녀라는 신분 의식을 잊지 말아야 합니다.

중생한 모든 신자는 근본적으로 하나님의 사랑을 입은 자녀라는 사실을 늘 의식하면서 살아야 합니다. 그러나 안타깝게도 많은 교회에서 하나님의 자녀라는 신분은 그다지 중요하지 않는 것으로 전락하고 말았습니다. 하나님의 자녀로서 영원한 신분보다 집사, 권사, 장로라는 직분이 많은 신자들의 마음과 생각을 사로잡고 있기 때문입니다. 이것은 교회마다 직분자를 선출할 때마다 분명하게 나타납니다. 그 결과, 하나님의 자녀들이기에 행복하고 만족해하는 신자는 교회마다 점점 줄어들고, 직분을 얻지 못해 원망하고 불평하는 신자는 많아지는 것 같습니다.

PART1

06

신자가 누리는
두 가지 은혜

—

하나님의 모든 자녀가 누리는 은혜는 크게 두 가지입니다. 하나는 소극적인(낮은 차원의) 은혜이고, 다른 하나는 적극적인(높은 차원의) 은혜입니다. 소극적인 은혜란 죄 용서의 은혜를 말하고, 적극적인 은혜는 하나님의 자녀의 신분을 얻은 은혜를 말합니다.

2장 12절은 신자가 받은 소극적인 은혜에 대하여, 13절은 적극적인 은혜에 대하여 각각 말씀합니다. 소극적인 은혜는 12절의 "너희 죄가 그의 이름으로 말미암아 사함을 받았음이요"입니다. 이것은 하나님의 자녀들이 죄를 용서받은 자들임을 강조합니다. 이 용서는 예수님의 이름 때문에 받게 됩니다.

'예수님의 이름'이란 하나님의 아들 예수께서 이 땅에 오셔서 죄인들의 구원을 위해 하신 구원 사역 전부를 가리킵니다. 다시 말해 예수께서 세상에 오셔서 고난 받으시고, 하나님 아버지께 절대적인 순종과 복종을 하시며, 자신이 친히 만든 피조물인 사람들로부터 각종 멸시와 천대를 받으며 사시다가, 이러한 삶의 최고 절정으로 십자가에서 이루신 구원 사역의 전부를 의미합니다.

'예수님의 이름 때문에'라는 말은 예수님의 대속적인 고난과 죽으심에 근거해 믿는 우리가 죄 용서를 받은 것을 의미합니다. 그래서 사도 바울은 이것을 가리켜 "그의 피로 말미암아 속량 곧 죄 사함을 받았다"라고 말한 것입니다(엡 1:7). 이러한 죄 용서는 인간이 성취하거나 결코 쟁취할 수 없는 하나님의 은혜입니다.

지금은 죄를 저지른 자신의 과거와 단절하고, 이전과 다르게 죄를 짓지 않고 구별되게 살아야겠다고 결심하고 노력하며 산다고 할지라도, 어떤 사람도 이미 과거에 범한 죄의 결과를 스스로 해결할 수 없습니다. 이미 범한 죄도 영원한 멸망이라는 형벌을 요구하기 때문에 그것을 스스로 해결할 수 없습니다. 그러나 죄 없으신 예수 그리스도께서 영원한 정죄와 멸망에서 건짐 받을 길이 없는 죄인들을 대신하여 모든 죄와 죄의 모든 결과를 해결해 주셨습니다.

예수께서는 아담의 후손으로 이 세상에 오신 것이 아닙니다. 예수께서는 새 인류의 대표로서 죄가 전혀 없는 분으로 오셨습니다. 그래서 예수께서는 몸소 아담의 후손들이 받을 저주를 물려받고 고난당하실 수 있었습니다. 죄의 모든 문제는 십자가의 대속적인 죽으심으로 근본적으로 해결되었습니다. 그러므로 이제 믿는 자에게는 죄로 인한 정죄와 형벌이 없습니다. 죄로 인한 정죄와 형벌이 더 이상 없으니 그 죄로 인하여 지옥에도 가지 않게 되었습니다. 아니, 이제는 신자가 지옥에 가는 것은 법적으로 부당하고 불가능합니다.

아담은 하나님의 정원인 에덴동산에서 타락했지만, 예수께서는 광야와 같은 험악한 삶 속에서 고난 받으면서도 완전한 순종과 완전한 희생으로 하나님의 모든 구원 계획을 이루셨습니다. 따라서 하나님의 자녀는 이제 지옥과는 관계가 없습니다. 지옥을 가려 해도 갈 수 없습니다.

사탄도 이 사실을 알고 있습니다. 사탄은 중생한 신자를 향해 '너는 지옥 자식이야, 내가 너를 지옥으로 끌고 가고 말거야'라는 식의 어리석은 말과 미련한 행동을 하지 않습니다. 중생한 신자에게 적용되는 예수님의 피 공로가 영원히 유효하여 결코 취소되지 않기 때문입니다(히 10:17-18). 주 예수께서는 믿는 우리를 대신해서 형벌을 받으셨으므로 믿는 자는 두 번 다시 형벌을 받지 않고 받을 수도 없습니다(롬 8:1-2,34-35).

사실 예수께서 십자가 위에서 받으신 율법의 모든 저주와 형벌은 마지막 심판 날에 모든 신자가 받아야 할 심판이었습니다. 이것을 산불에 비유하면 쉽게 이해할 수 있습니다. 우리가 등산을 하고 있는데 어마어마한 불이 우리를 향해 사납게 다가오고 있다고 가정해봅시다. 우리가 그런 산불 가운데서 살아남으려면 어떻게 해야 하겠습니까? 맹렬한 속도로 다가오는 대화재의 재앙에서 유일하게 살아남을 수 있는 길은 우리 주변의 넓은 지역을 먼저 불로 다 태우는 일밖에 없습니다. 이미 불에 타버린 곳은 더 이상 불에 탈 것이 없으므로 큰 불이 다가와도 다시 불이 붙을 일은 없습니다.

예수께서 십자가 위에서 심판의 불을 받으신 것이 이와 같습니다. 예수 그리스도께서 십자가에서 그의 백성의 죄로 인하여 심판의 불에 타셨기 때문에, 마지막 심판의 날에 하나님의 심판의 불이 더 이상 그를 믿는 자들에게 붙을 수 없습니다. 그래서 "하나님의 자녀에게는 정죄가 없다", "하나님의 자녀에게는 지옥의 형벌이 없다"는 분명한 확신이 믿는 자에게 있는 것입니다. 이러한 죄 사함의 은혜는 인간의 관점에서 볼 때는 엄청나게 큰 은혜입니다. 그러나 더 큰 구원의 은혜를 베푸시는 하나님의 입장에서는 소극적인(낮은 차원의) 은혜에 불과합니다.

죄를 용서 받아
하나님의 자녀가 된 신자

자녀와 관련된 두 번째 내용은 2장 14절의 "아이들아 내가 너희
에게 쓴 것은 너희가 아버지를 알았음이요"입니다. 하나님께서는
예수 그리스도를 믿는 자의 죄를 용서하실 때 엄중하고 공정한
재판장이셨습니다. 그러나 죄를 용서받은 신자가 하나님의 아들
로서 입양되는 것은 죄를 용서하신 공의로운 재판장 하나님께서
친히 신자의 아버지가 되시는 것을 의미합니다.

　재판장이신 하나님이 친히 신자의 아버지가 되시는 것은 죄 용
서의 은혜보다 어마어마하게 크고 높은 차원의 은혜입니다. 일반
적으로 판사는 어떤 사람에게 죄가 있다고 정죄의 판결을 내리기
도 하고, 무죄를 선언하기도 합니다.

우리의 심장 폐부까지도 다 아시는 공의로운 재판장이신 하나님께서 우리의 죄를 심판하십니다. 재판석에 앉아계신 재판장 하나님께서는 "내 아들 예수 그리스도가 너를 대신해서 형벌을 받았으므로, 내 아들을 믿는 너에게는 더 이상 죄가 없다"라고 선언하셨습니다. 이것은 중생한 모든 신자에게 주어진 죄 용서의 선언입니다. 그러나 만약 재판장 하나님의 은혜가 죄 용서로만 끝나면, 죄 용서의 은혜를 받은 사람은 결코 그의 자녀가 될 수 없을 것입니다. 죄 용서를 받는 것과 자녀가 되는 것은 별개이기 때문입니다.

재판장이 죄수를 입양하는가?

세상의 어떤 판사도 법정에서 어떤 피고에게 무죄 선언을 했다고 해서 그 사람을 자녀로 입양할 의무는 없습니다. 무죄를 선언한 판사가 무죄 선언을 받은 사람을 바로 자녀로 입양하는 경우는 없습니다.

대통령은 대통령의 권한으로 국경일에 죄수들에게 대사면을 베풉니다. 그래서 어떤 때는 한 번에 몇 만 명씩 대사면을 받습니다. 대사면의 혜택을 받은 자들에게 주어지는 은혜는 형기(刑期)가 단축되거나 교도소에서 나오는 것입니다. 이것이 사면입니다. 하지만 지금까지 대통령의 사면을 받은 사람들 중에 단 한 명도 사면을 받았다는 이유로 사면권을 행사한 대통령의 자식으로 입양된 경우는 없습니다. 만일 사면을 한 대통령이 그렇게 했다면 신문과 방송이 이 사실을 보도하여 온 세상이 떠들썩했을 것입니다.

이런 일이 왜 일어나지 않습니까? 사면의 수혜자가 사면권자의 자녀가 되는 것은 전혀 관계 없는 별개의 문제이기 때문입니다. 이러한 사실에 비추어볼 때, 각 사람이 행한 대로 갚으시는 하나님께서 그가 친히 용서한 신자들을 자신의 아들딸로 입양해주셨다는 것은 엄청난 은혜가 아닐 수 없습니다. 이것은 재판장 하나님께서 친히 죄 용서를 받은 자들의 아버지 하나님이 되신 놀라운 사실을 보여줍니다. 그러므로 재판장께서 친히 신자의 아버지가 되시고, 신자가 그분의 자녀가 되는 것은 신자들이 하나님으로부터 받는 가장 높은 차원의 은혜인 것입니다.

신자들은 "하나님, 내 죄를 용서해주셔서 감사합니다"라며 지옥 가는 신세를 면해주신 은혜로 인하여 자주 감사합니다. 물론 신자들은 죄 용서를 받았으므로 지옥에 가지 않게 됨을 인하여 하나님께 마음의 중심으로부터 감사하는 것이 마땅합니다. 신자는 이 은혜를 인하여 하나님께 항상 감사해도 다 감사할 길이 없습니다. 그러나 신자의 감사가 여기서 멈춘다면, 그것은 어린아이 수준의 작은 감사에 지나지 않습니다.

신자가 죄 용서를 받아 더 이상 받을 정죄와 형벌이 없으므로 지옥에 가지 않는 것은 누구도 부인할 수 없는 복음의 진리입니다. 하지만 그렇다고 해서, 대사면의 경우처럼, 죄 용서를 받은 사람이 자동으로 의인의 신분을 받아 천국에 가는 자격을 얻는 것도, 하나님의 자녀가 되는 특권이 주어지는 것도 아닙니다.

하나님께서는 그의 아들 예수께서 죄인을 대신하여 받으신 하나님의 저주와 진노와 형벌 때문에 믿는 자들의 죄를 용서하실 뿐 아니라, 여기서 엄청나게 더 나아가 친히 그의 자녀로 삼아주셨습니다. 예수께서는 단지 죄인의 정죄와 형벌을 제거하고 지옥 가지 않게 할 정도로 죄인들을 사랑하신 것이 아니라, 재판장 하나님을 친히 용서 받은 자들의 아버지가 되게 하셨습니다. 이것은 전적으로 예수께서 적극적으로 하나님의 모든 율법에 순종하신 결과입니다. 그러므로 신자들은 죄 용서의 낮은 은혜를 넘어서 최고의 은혜인 하나님의 자녀 신분을 주신 것을 인하여 날마다 감사하며 기뻐해야 할 것입니다. 이것을 종합해서 표현하자면, 믿는 우리는 모든 죄를 용서받아 하나님의 복되고 존귀한 자녀가 됨을 인하여 감사해야 할 것입니다.

저자 요한은 12-13절에서 자녀와 관련된 두 가지 내용, 곧 '죄 용서'와 '하나님 자녀 신분'에 관한 내용을 연결하여 기록했습니다. 이때 저자는 죄 용서의 은혜를 먼저 언급한 다음 신자가 하나님의 자녀 신분을 가진 것에 대하여 언급했습니다. 왜 저자가 이와 같은 순서로 기록했는지 이해하는 것이 중요합니다. 반드시 기억해야 할 은혜의 순서는 죄 용서 이후에 자녀의 신분을 받는다는 것입니다. 이것은 저자가 임의로 정한 순서가 아니라, 예수께서 공사역 기간 중에 이와 같이 보여주신 것입니다.

마태복음은 이 구원의 진리를 드러내기 위해 예수님의 사역 중에 중풍병자의 치유 기사와 세리 마태의 부르심과 그의 집에서 있었던 죄인들과 식탁 교제를 긴밀하게 연결하여 순서대로 기록하였습니다(9:1-8,9-13). 마가복음과 누가복음에도 이 두 사건은 동일한 순서로 연결되어 나옵니다(막 2:1-12,14-17; 눅 5:17-26,27-32).

먼저 기록된 사건은 들것에 실려온 중풍병자를 예수께서 치유하신 기적입니다(9:1-8). 이 사건과 곧 바로 연결된 기사는 세리 마태를 부르신 것과 그의 집에서 있었던 예수님과 죄인들 사이의 식탁 교제입니다(9:9-13). 놀랍게도 이 두 기사는 서로 직접 연결되어 있고, 그 사이에는 다른 어떤 기사도 삽입되지 않았습니다. 이 두 사건의 연결은 죄 용서를 받은 사람들이 더 높은 단계의 은혜로 하나님의 자녀가 됨을 보여줍니다. 이와 같이 하나님의 은혜는 신자 편에서는 죄 용서에서 그분의 자녀로, 하나님의 편에서는 재판장에서 아버지로 지위와 신분의 변화를 가져옵니다.

중풍병자의 죄 용서와 치유

예수께서 중풍병자를 용서하고 치유하신 기적은 공관복음에 모두 나옵니다(마 9:1-8; 막 2:1-12; 눅 5:17-26). 이 중 마태복음 9장을 중심으로 살펴봅시다. 이 치유 기사의 배열 순서는 아주 중요합니다. 이를 바로 파악하기 위해서 마태복음 9장 1-9절을 주의 깊게 살펴볼 필요가 있습니다.

일부 한글성경에는 예수께서 '중풍병자를 고치시다'라는 제목이 적혀 있습니다. 이 기사의 핵심은 예수께서 "일어나 걸어가라"라고 말씀하시지 않고 먼저 "네 죄 사함을 받았느니라"라고 말씀하신 것, 곧 죄 용서의 선언에 있습니다(2절). 이때 예수께서 현장에 있던 서기관들과 바리새인들로부터 "저가 신성모독의 발언을 한다"라는 말을 들을 위험을 각오하고 죄 용서를 선언하신 것을 우리는 기억할 필요가 있습니다(3절). 이것은 예수께서 본문에서 밝히신 것과 같이 인자 예수께서 땅에서 죄를 용서하는 권세가 있음을 알리기 위함이었습니다(6절).

예수께서는 그때까지 병자를 고치거나 귀신을 쫓아내면서 단한 번도 죄 사함을 받았다는 선언을 하신 적이 없었습니다. 그를 고소하려는 서기관들이 둘러싸고 있으므로 예수께서 이 말씀을 하시면 반대자들이 반드시 문제제기를 할 것을 분명히 알고 계셨을 것입니다. 그럼에도 불구하고 예수께서는 생명의 위협을 무릅

쓰고, 죄 사함을 얻게 하는 권세가 있음을 알게 하시려고 "네 죄 사함을 받았느니라"라고 선언하셨습니다. 이전과 같이, 단지 "일어나 걸어가라"라는 말씀만 하실 수도 있었는데도 말입니다. 예수께서는 이 선언을 통해 믿음으로 그에게 나오는 자들이 제일 먼저 받는 은혜가 죄 용서임을 드러내신 것입니다.

물론 예수님의 죄 용서 선언은 그가 인자로서 십자가 위에서 대속적인 죽임을 당할 것을 전제합니다. 그래서 "내가 세상에서 죄를 사하는 권세가 있다"라고 말씀하시지 않고 "인자가 땅에서 죄를 사하는 권세가 있다"라고 말씀하신 것입니다(6절).

죄인들과 함께 한 식탁 교제

중풍병자의 죄 용서 선언과 이를 증명하는 치유 사건과 곧바로 연결된 기사는 예수께서 세리 마태를 부르시고 그의 집에서 죄인들과 함께 식탁 교제를 하신 것입니다(9-13절). 당시 유대의 문화적이고 종교적인 배경에서 보면 죄 용서는 작은 차원의 은혜이고 식탁 교제는 큰 차원의 은혜로 알려져 있었습니다. 누구와 함께 식사를 하는 것은 단순히 사회적인 교제의 의미인 동시에 신앙적으로 중요한 의미를 가집니다.

당시 유대인들, 특별히 바리새인들과 서기관들과 제사장들은 식사할 때 사람들을 무분별하게 초대하지 않았습니다. 그들은 경건한 사람들만 골라서 같이 식사했습니다. 그들의 식탁 교제 속에는 "내가 하나님의 자녀인 것처럼 당신도 하나님의 자녀입니다. 내가 구원받는 것처럼 당신도 구원받는 사람입니다"라는 종교적인 의미가 들어 있었습니다.

예수님의 사역 당시 갈릴리 사람들의 마음속에는 예루살렘 사람들에 의해 멸시받은 한이 있었습니다. 그래서 예루살렘 사람들 가운데 누가 갈릴리로 내려와 그들과 함께 식사하면 갈릴리 사람들의 신분이 굉장히 높아지는 것은 일반적인 일이었습니다. 이러한 맥락에서 볼 때, 예수께서 종교지도자들과 식사하지 않으시고 세리들, 창녀들과 같은 죄인들과 함께 식사를 하셨다는 것은 그들 모두에게 아주 충격적이었습니다. 예수님의 식탁 교제는 종교지도자들에게 멸시와 무시를 받는 세리와 창녀와 죄인들이 하나님의 자녀임을 공개적으로 인정하고 선언한 행위였기 때문입니다. 이것은 예수께서 식탁 교제에서 제외한 종교지도자들에게도, 그의 식탁 교제에 참여한 죄인들에게도 엄청나게 충격적인 메시지였던 것입니다. 사실 이것은 식탁 교제에 참여한 죄인들에게 어마어마한 신분 변화를 일으킨 대사건입니다.

예수께서 사람들의 죄를 용서하실 때 그들에게 분명 감격과 기쁨이 있었을 것입니다. 하지만 모든 용서받는 자들의 눈에서 눈물이 펑펑 나오지는 않았습니다. 그러나 예수님의 초대로 그와 식탁 교제를 한 마태와 세리들과 죄인들의 가슴은 뭉클해졌고, 분명 눈물이 쏟아져 나왔을 것입니다. 그들은 "예수께서 내 죄를 용서할 뿐 아니라 나를 하나님의 자녀로 삼아주셨습니다"라고 감격하여 어찌할 바를 몰랐을 것입니다. 왜 그랬을까요?

당시 단 한 사람도 그들에게 "당신도 구원받을 수 있습니다"라고 말한 적이 없었습니다. 거의 모든 사람이 약속이나 한 듯이 "당신과 같은 죄인들은 멸망을 받게 되어 있습니다"라고 정죄하며 증오했을 것입니다. 이것은 그들이 매일 경험하는 일이었을 것입니다. 그런데 예수께서 그들이 꿈속에서도 상상할 수 없는 놀라운 선포와 선언을 공개적인 식탁 교제에서 하신 것입니다. 그러니 어떻게 그들의 눈에서 눈물이 나오지 않을 수 있었겠습니까?

예수께서 죄인들과 식탁 교제를 하는 것은 그의 입장에서 볼 때 그의 의로운 신분이 죄인의 자리로 낮아진 것을 의미합니다. 반면 예수님의 식탁 교제에 초대받은 사람들의 입장에서 보면 자기들의 죄인 신분이 하나님의 아들이신 예수님의 신분으로 높아진 것을 뜻합니다. 그러니 여기에서 예수께서 하나님의 아들이신 것같이, 그들이 예수님의 사랑을 받아 그와 동등하게 하나님의 자녀가 되었다는 확신과 감격이 나올 수밖에 없었던 것입니다. 그러므로 이러한 의미가 있는 식탁 교제의 자리에서 감격과 눈물이 있을 수밖에 없는 것입니다.

1988년 서울 올림픽 이전에 서울 거리에는 개인 승용차가 별로 없었습니다. 그 당시는 미국에 가는 사람도 아주 적었습니다. 어쩌다 미국에 가게 된 사람은 아주 운이 좋은 사람이었습니다. 그때 한국인들이 미국에 가게 되면 꼭 방문하는 곳이 미국의 수도 워싱턴 D.C.였습니다. 백악관 근처에 가서, 실물 모양의 현직 대통령의 초상화 앞에서 사진을 찍습니다. 재미있는 일은 한국으로 돌아와 그 사진을 거실에 놓거나 심한 경우에는 가지고 다니면서 "나 백악관에 가서 대통령과 함께 사진 찍었다"라고 자랑하고 다닌 사람이 있었던 것입니다. 그 사진을 자랑한 이유는 미국의 대통령을 자랑하기 위함이 아니라 자신을 자랑하기 위함이었습니다. 자기가 미국에 가서 대통령을 만난 사람이라는 것이지요.

선거철이 되면 국회의원이나 시의원 후보자들이 중앙당에 있는 높은 사람들과 찍은 사진을 사람들에게 보여주며 대대적으로 선전합니다. 대통령이나 시장이나 당대표와 같은 유명인과 같이 찍은 사진이 있으면 더 크게 자랑합니다. 후보자들이 그렇게 하는 목적이 무엇입니까? 자신이 그 정당의 높은 사람들에게 인정받고 있는 적합하고 유능한 사람이라는 사실을 홍보하기 위함입니다. 갈릴리 사람들이 예수님과 함께 식사를 한 일은 마치 이와 같은 일이었습니다.

이 얼마나 감격할 일인가?

신자의 변화된 신분은 스스로 결정한 것이 아닙니다. 하나님께서 그들의 죄를 용서하고 자녀로 삼아주심으로 말미암아 된 것입니다. 하나님의 아들 예수께서 성취하신 구원의 은혜에 근거하여 그를 믿는 자의 신분이 죄인에서 의인의 신분을 가진 하나님의 자녀가 된 것입니다. 신자는 이러한 놀라운 자녀 신분으로 인하여 감격해 하고 마음 중심으로 자랑해야 할 것입니다. 이러한 감격이 우리를 사로잡고 있는 한 감사하고 기뻐할 것밖에 없습니다.

그런데 오늘날 어찌 된 일인지 하나님의 자녀 됨을 인하여 감격하는 신자가 많지 않은 것 같습니다. 예수께서는 제자들이 하나님의 자녀 됨을 인해 성령의 말할 수 없는 감격으로 기뻐하며 감사의 기도를 하셨습니다. 그 내용이 누가복음 10장 21-23절에 나옵니다.

"그 때에 예수께서 성령으로 기뻐하시며 이르시되 천지의 주재이신 아버지여 이것을 지혜롭고 슬기 있는 자들에게는 숨기시고 어린 아이들에게는 나타내심을 감사하나이다 옳소이다 이렇게 된 것이 아버지의 뜻이니이다 내 아버지께서 모든 것을 내게 주셨으니 아버지 외에는 아들이 누구인지 아는 자가 없고 아들과 또 아들의 소원대로 계시를 받는 자 외에는 아버지가 누구인지 아는 자가 없나이다 하시고 제자들을 돌아 보시며 조용히 이르시되 너희가 보는 것을 보는 눈은 복이 있도다."

요약하면 "천지의 주재이신 아버지여 지혜롭고 슬기 있는 자들에게 이러한 구원의 놀라운 진리를 허락하시지 않고 어린아이에게 나타내심을 감사합니다. 이 부족한 제자들이 하나님의 자녀가 되었으니 말할 수 없이 기쁩니다. 이것은 구약의 구원 약속의 성취입니다"라고 예수께서 성령의 기쁨으로 감격하며 기도하신 것입니다. 그런데 우리는 하나님의 자녀라는 사실을 잊고 살 때가 너무나 많습니다. 하나님의 자녀 됨이 얼마나 복된 것인지, 자녀의 신분이 얼마나 위대한 것인지 잊고 살기에 만족도 기쁨도 없습니다.

하나님의 자녀가 받는 모든 평가는 자녀에 의해 이루어지는 것이 아니라 자식으로 받아준 하나님에 의해, 동생으로 받아준 형님 예수 그리스도에 의해서 이루어진 것입니다. 만일 가정이 자랑할 것이 없는 집안이어서 열등감을 갖게 되었더라도, 하나님께서 내 아버지이시고 구주 예수께서 형님이신 것을 기억할 때 이러한 문제들은 다 해결될 것입니다. 왜 그렇습니까? 모든 것을 다스리시는 만왕의 왕, 만주의 주 하나님께서 예수 그리스도께서 받으실 모든 상속을 그의 자녀인 우리에게 허락해주시기 때문입니다(롬 8:17).

옛날에는 왕자로 태어난다는 것은 큰 특권이자 행복이었습니다. 그러나 조선왕조 500년의 역사나 근대역사를 보면, 왕이 되지 못하거나 왕조가 망하면 왕자들이 얼마나 비참하게 되었는지 우리는 잘 압니다. 왕자들치고 제 명에 죽은 사람이 많지 않습니다. 하지만 예수 그리스도의 피로 영원한 왕이신 하나님의 자녀가 된 신자들은 절대로 망하지 않는 존귀한 존재들입니다. 그야말로 모든 신자는 영원한 명문가문의 자녀이므로 어디 가서도 주눅 들거나 열등감에 사로잡혀 좌절할 이유가 없습니다. "세상에 땅이 이렇게 많은데 왜 내게는 한 평의 땅도 없는가?"라고 좌절할 필요도 없습니다.

세상의 모든 것들을 다 가지고 누려도 하나님의 자녀 됨의 복을 받지 못한 사람들은 마지막 날에 심판을 받을 것입니다. 그때에 그들이 세상에서 가지고 누린 모든 것들이 그들의 심판과 정죄의 내용이 될 것입니다. 그렇지만 신자의 존귀한 자녀의 신분은 예수 그리스도께서 오시는 날에 완성되어서, 모든 신자는 새 하늘과 새 땅에서 최고의 영광과 존귀를 누리게 될 것입니다. 그러니 신자들에게는 가진 것이 아무것도 없고 내세울 것이 아무것도 없을지라도 낙심하고 낙망하고 절망하고 탄식해야 할 이유가 결코 없는 것입니다.

하나님의 자녀 됨의
네 차원

신자에게는 하나님의 자녀 신분에 네 가지 중요한 차원이 있습니다. 중생의 차원, 입양의 차원, 성화의 차원, 그리고 영화의 차원입니다. 이에 대하여 간략하게 하나씩 생각해봅시다.

중생과 입양의 은혜는 처음 예수님을 믿을 때 단번에 주어진 은혜입니다. 이 은혜의 효과는 이후에도 계속됩니다. 성화의 은혜는 법적으로는 하나님의 자녀들의 성품이 성령의 역사로 하나님의 완전한 아들 예수님을 닮아가게 하는 것을 말합니다. 영화의 은혜는 예수님의 재림 때에 신자의 몸이 예수님의 영광스러운 몸처럼 변화되어 하나님의 온전한 자녀가 되는 것을 말합니다.

하나님의 자녀 됨의 네 차원

1 중생의 차원　성령의 중생 역사로 하나님의 자녀로 태어났다
　　　　　　　　(2:29, 3:9, 4:7, 5:1, 5:4, 5:18). 이것은 믿기 전에 일어났다.

2 입양의 차원　하나님의 자녀로 입양되었다(3:1-2).
　　　　　　　　이것은 처음 믿을 때에 되었다.

3 성화의 차원　하나님의 온전한 아들 예수님을 본 받아
　　　　　　　　자녀의 품품을 가진다(3:3,9 / 2:6, 2:29, 3:9, 4:7, 5:1).

4 영화의 차원　주님의 재림 때 그와 같이 온전하게 된 자녀가 될 것이다(3:2).

첫째 차원: 중생의 은혜

첫째, 신자가 가진 하나님의 자녀 신분은 성령의 역사로 거듭나게(중생) 된 은혜를 전제합니다. 요한일서는 이것을 아주 중요하게 반복적으로 강조합니다(2:29; 3:9; 4:7; 5:1,4,18). 죄와 허물로 죽었던 영이 성령의 역사로 다시 살아나는(중생하는) 것은 예수님의 부활 생명으로 거듭나는 것입니다. 이렇게 영적으로 죽었던 사람들이 예수님의 부활 생명으로 중생할 때 비로소 예수님을 믿을 수 있게 됩니다.

어떤 사람이 육신의 차원에서 어떤 사람의 자녀가 되는 것은 모태에서 탄생할 때입니다. 이와 같이 영적인 차원에서 하나님의 자녀가 되는 것은 죄인이 복음의 말씀을 듣고 성령으로 태어날

때, 즉 중생할 때입니다(요 1:12-13; 5:24-25). 이것이 신자가 하나님의 자녀가 되는 근거와 출발점입니다.

둘째 차원: 입양(자녀로 삼아주심)의 은혜

죄인이 예수님의 부활 생명을 가진 자로 거듭나게 될 바로 그때에 비로소 마음 중심으로 예수님을 믿게 됩니다. 하나님께서는 이렇게 예수를 믿는 자의 죄를 용서하실 뿐만 아니라, 여기서 더 나가서 법적으로 의인의 신분을 수여함과 동시에 그의 자녀로 입양해주십니다. 그것이 바로 3장 1-2절이 말씀하는 내용입니다. 여기서 저자는 "우리가 얼마나 사랑받은 자녀입니까?"라고 감격적언 어법으로 표현하고 있습니다.

"보라 아버지께서 어떠한 사랑을 우리에게 베푸사 하나님의 자녀라 일컬음을 받게 하셨는가, 우리가 그러하도다 그러므로 세상이 우리를 알지 못함은 그를 알지 못함이라"(2절).

믿지 않는 세상 사람들은 신자가 가진 하나님의 자녀의 신분이 얼마나 위대한지 모르기 때문에 이를 인정하지 않습니다. 그들은 자녀의 신분을 신자들에게 허락하신 하나님께서 어떠한 분인지 도무지 알지 못하고, 설사 안다고 하더라도 인정하지 않기 때문입니다. 그러나 주 예수님의 재림 때가 되면 하나님의 자녀 됨의 무한한 가치와 영광이 모두 드러나게 될 것입니다. 이때는 불

신자들도 하나님의 자녀가 받아 누리게 될 영광과 특권을 얻으려고 발버둥칠 것입니다(눅 13:24).

셋째 차원: 성화의 은혜

신자는 성화의 차원에서도 하나님의 자녀입니다(요일 3:3). 성화란 법적으로 예수님의 의로운 신분과 하나님의 자녀의 신분을 수여받은 신자의 인격과 성품과 행위가 타락한 아담 옛 사람을 점점 벗고 마지막 아담과 새 사람이신 예수님을 더욱 더 닮아가는 것을 말합니다(엡 4:24; 골 3:9-10). 신자는 지속적인 성화를 통하여 죄에 대하여는 죽고 의에 대하여는 살아나게 됩니다(롬 6:11-13; 벧전 2:24). 신자는 죄에 대하여 죽는 만큼 신자의 각 지체가 죄의 도구가 되는 데에서 자유롭습니다. 그 대신 신자의 각 지체는 의의 도구가 되어 하나님 앞에서 거룩함의 열매를 맺게 됩니다(롬 6:19-22).

거룩함과 성화의 모든 것은 신자의 독립적이고 자발적인 노력에 의하여 되는 것이 아닙니다. 이것은 신자가 성령의 주권적인 인도와 지도를 인정하고 능동적으로 따라갈 때만 일어납니다(롬 8:13-15; 갈 5:16-18; 고후 3:18). 신자는 죄에 대하여 죽기 위해 죄를 죽일 수 있는 유일한 능력이신 예수 십자가의 죽으심을 계속 체험해야 합니다. 이것은 성령의 역사와 능력으로만 가능합니다.

또한 신자가 의에 대하여 살기 위해서도 결코 죄를 짓지 아니하고 죄와 싸워 이기신 예수님의 부활의 능력을 체험해야 합니다. 이것도 같은 성령의 역사로 가능합니다. 신자는 계속적인 성화의 과정을 통하여 하나님의 성품, 곧 그의 온전한 아들 예수님의 인품과 성품을 입어갑니다. 신자는 이러한 의미에서 하나님의 자녀이고 자녀가 되어가는 가운데 있는 것입니다. 이것을 달리 표현하면 영적인 신생아인 신자가 유아기, 소년기, 청소년기, 청년기를 거쳐 그리스도의 장성한 분량에 충만한 데 이르기까지 성장하고 성숙하는 것입니다(엡 4:13). 이것은 하나님 아버지께서 온전하심과 같이 온전해지는 것을 뜻합니다(마 5:48).

넷째 차원: 영화의 은혜

하나님의 모든 자녀는 예수님과 같이 영광스럽게 된 부활한 몸을 가진 자로 변화되어 새 하늘과 새 땅을 영원한 상속으로 받을 것입니다(벧후 3:13; 계 21:1). 이 일은 주 예수께서 재림하시는 날에 일어날 것입니다. 이때에 비로소 아직도 죄와 죽음을 벗지 못한 신자의 몸이 죄와 죽음을 완전히 벗고 부활하신 예수님의 영광스러운 몸과 같이 100퍼센트 영광스럽고 존귀한 몸으로 바뀔 것입니다(롬 8:23; 고전 15:42-44; 빌 3:21). 바로 이것이 영화의 차원에서 신자가 하나님의 자녀가 될 것을 의미하는 것입니다.

신자를 기다리고 있는 놀라운 영광과 칭찬과 존귀는 신자의 신분이 주의 재림 때에 얼마나 찬란하게 빛날 것인지를 예고합니다(벧전 1:7-8; 5:10). 이미 하나님의 영광이신 예수님을 닮아 영광에서 영광으로 나가는 신자는 마지막 날에 몸의 부활을 통해 예수 영광의 절정에 도달하게 될 것입니다(고후 3:18; 4:6; 롬 8:18). 이때에 약속된 새 하늘과 새 땅을 영원한 기업으로 받을 것입니다. 바로 이것이 예수께서 말씀하신 "온유한 자는 땅을 차지할 것이다"라는 말씀의 의미입니다(마 5:5).

현재 하나님의 나라는 지상에서 한 평의 부동산도 소유하지 않습니다. 그러나 주 예수께서 영광과 큰 권능 가운데 재림하실 때 새 하늘과 새 땅이 모든 신자의 상속재산이 될 것입니다. 그래서 저자는 "사랑하는 자들아 우리가 지금은 하나님의 자녀라 장래에 어떻게 될지는 아직 나타나지 아니하였으나 그가 나타나시면 우리가 그와 같을 줄을 아는 것은 그의 참모습 그대로 볼 것이기 때문이니"(요일 3:2)라고 말한 것입니다.

하나님 아버지에 대해
점점 더 깊어지는 신뢰

—

여기서 각자가 물을 질문이 하나 있습니다. 당신은 참으로 행복하십니까? 행복하다면, 무엇이 당신을 행복하게 합니까?

아내, 남편, 부모, 돈이 당신을 잠시 동안 행복하게 할 수 있습니다. 그러나 이것이 계속 행복하게 하지는 못합니다. 돈이 주는 행복은 10초 정도 간다고 합니다. 봉급 받았을 때 기쁨은 길게 가야 10초인 것입니다. 온라인통장에 봉급이 들어왔음을 보았을 때 "아, 기쁘다!" 하고 끝입니다. 근심과 걱정이 그 자리를 곧 대신합니다.

우리를 영원히 기쁘게 하고 마음 편하게 하는 것은 하나님의 자녀라는 신분이어야 합니다. 하나님 자녀의 신분이 주는 기쁨과 감격을 가지고 살면 어떠한 어려움도 역경도 극복할 수 있습니다.

그러면 하나님의 자녀 의식이 분명한 성도에게 어떤 유익이 있습니까? 그에게는 하나님께서 어떠한 상황에서도 나를 버리지 않을 것이라는 확신과 신뢰가 있습니다. 어떤 성도는 사업이 조금만 안 되거나 마음이 내키지 않으면 "하나님이 나를 버렸나 봐"라고 말합니다. 또한 병에 걸렸을 때 "하나님이 나를 벌하신 것은 아닌가"라고 의심하기도 합니다. 그러나 이런 말은 하나님의 자녀가 할 말은 아닙니다. 예수께서 십자가에서 내가 받을 저주와 진노를 다 받으셨는데, 하나님이 어떻게 나를 버리거나 징벌합니까?

하나님이 죄로 인하여 더러워진 자녀를 거룩하게 하시려고 징계하실 수는 있습니다. 그러나 하나님은 어떤 상황에서도 그의 자녀를 내치거나 버리지 않습니다. "하나님께서 나를 버렸다"는 생각은 사탄이 좋아할 뿐입니다. 성령 하나님께서는 신자 안에서 "내가 너를 얼마나 사랑하는지 너는 모를 거야"라고 말씀하십니다.

하나님의 자녀들이 세상에서 받아 누리는 하나님의 사랑은 자녀가 가정에서 누리는 특권에 잘 드러납니다. 가정에서 자녀는 부모로부터 모든 것을 공짜로 받아 마음껏 누리는 권리와 특권이 있습니다.

저는 둘째 딸이 중학생이었을 때 그를 불러놓고 "야, 너 가출

좀 해봐라"라고 말한 적이 있습니다. 그랬더니 딸의 얼굴이 붉어지면서 "아빠, 세상에 자녀에게 가출하라는 부모가 어디 있어요? 저는 가출 못해요"라고 딱 잘라 말했습니다.

"가출해봐!"

"싫어요!"

"왜?"

"집에 있으면 모든 것이 공짜지만 가출하면 다 내가 돈을 내야 해요. 밥 먹을 때도 돈을 내야 하고, 옷 입는 것도 돈을 내야 하고, 전부 다 돈을 내야 하는데 나는 그만한 능력도 돈도 없어요."

제 딸의 말처럼 어디 가서 무엇을 해도 돈이 듭니다. 그러나 가정에서는 책임지고 베푸는 부모가 있기 때문에 모든 것이 공짜입니다.

또한 자녀는 세상에서 가장 편안한 곳으로서 가정을 누리는 특권이 있습니다. 아무리 더러운 옷을 입고 들어와도 "야, 네 더러운 옷 빨래하고 갈아입고 들어와라"고 말하는 부모는 세상 어디에도 없습니다. 이와 마찬가지로, 우리가 하나님 아버지 앞에 나올 때 어떤 연약한 모습으로 오든지 걱정할 것이 없습니다. 왜냐하면 책임져주시고 보살펴주시고 눈물을 닦아주시는 하나님 아버지와 형님이신 구주 예수께서 자녀인 우리에게 계시기 때문입니다. 그러므로 하나님의 자녀 됨의 감격은 모든 성도들이 날마다 누리는 기쁨과 즐거움이 되어야 할 것입니다. 이 감격이 있다면 예배를 드리러 아버지 집에 올 때 초상집 가는 얼굴을 하고 나올 수 없는 것입니다. 이 감격이 있으면 험악한 세상에서 무거운 짐을 홀로 지고 어찌할지 모르는 사람처럼 힘없이 살지 않습니다.

아이들은 가정이 아무리 어려워도 걱정하지 않습니다. 자녀들은 집에 부도가 났다고 "아, 우리 집은 아빠가 무능해서 망했어"라고 말하지 않습니다. 만약 이렇게 말하는 아이가 있다면 그는 그 집의 자녀가 아닙니다. 아이들은 절대적으로 부모를 신뢰합니다. 아이들에게는 부모가 절대자 하나님과 같은 존재입니다.

아이들이 어렸을 때는 아빠를 전능한 하나님과 같은 존재로 간주합니다. 아빠는 신호등도 마음대로 조작하고, 돈도 필요하면 언제든지 은행에서 가져다 쓸 수 있다고 단순하게 생각합니다. 어디에서나 자동입출금 기계에 카드만 넣으면 돈이 나오니까 '우리 아빠는 부자야'라고 생각합니다. 그러던 아이가 초등학생, 중학생, 고등학생이 되면서 전능한 하나님과 같이 여겼던 부모를 아주 우습게 알고 불신하게 됩니다. 이것이 세상에서 자녀들이 성장할 때 자연스럽게 일어나는 것입니다. 그러나 신앙생활에서는 이와 같지 않습니다. 오히려 하나님 아버지를 향한 작은 신뢰에서 더 큰 신뢰로 더욱더 커나가기 때문입니다.

하나님 아버지를
더욱 신뢰하게 하는 기도

신자는 자녀로서 성장하고 성숙하면 할수록 하나님 아버지에 대한 의존도가 심화되어야 합니다. 하나님 아버지를 향한 자녀의 의존도가 왜 깊어져야 하는지 이해하기 위해 본문을 주목할 필요가 있습니다.

12절에는 '자녀들아', 14절과 18절에는 '아이들아'가 나옵니다. 자녀와 아이 중 누가 더 어립니까? 일반적으로 아이가 자녀들보다 어릴 때 부르는 호칭입니다. 자식들은 아이에서 자녀로 성장한다고 할 수 있습니다. 이러한 관점에서 12절에 먼저 '자녀들아'가, 나중에 14절과 18절에 '아이들아'가 각각 언급된 것을 보고 의아스럽게 생각할 것입니다. 왜냐하면 본문의 순서는 아이에서 자녀가 아니라, 자녀에서 아이이기 때문입니다.

왜 자녀라는 호칭이 먼저 나오고 아이라는 호칭이 나중에 나옵니까? 이것은 하나님의 자녀인 신자들은 신앙생활이 깊어지면 깊어질수록 하나님 아버지와 관계가 심화되어 그에 대한 의존과 신뢰가 더 깊어지는 것을 보여주기 위한 것입니다.

하나님 아버지를 알고 그와 교제하는 자가 자녀입니다. 자녀는 하나님 앞에서 "나는 자녀입니다"라고 말하지 않아도 아버지라고 부를 때 머릿속에 자녀 의식이 있고, 마음에는 이로 인한 감격과 기쁨이 있습니다. 신앙이 깊어지면 깊어질수록 이러한 의식과 감격은 더 심화됩니다. 그러나 뜻밖에도 하나님을 아버지라고 부를 때 자녀의 감격을 전혀 경험하지 못하는 성도들이 있습니다.

제가 총신대학교에서 교수로 있을 때 한 학생을 면담한 적이 있었습니다. 이 학생은 아버지한테 엄청난 스트레스를 받았다고 고백했습니다. 목사인 아버지가 주일에는 모든 교인들 앞에서 천사와 같은데, 토요일 저녁에는 악마처럼 행동하기 때문이었습니다. 그래서 이 학생에게 세상에서 가장 싫은 존재가 아버지였습니다. 세상에서 가장 듣기 싫은 단어도 아버지였습니다. 그런데 이것은 이 학생만의 경험이 아닙니다.

또 다른 학생은 태어나자마자 부모가 버려서 고아로 자랐습니다. 이 학생에게 아버지와 어머니는 무책임을 의미하는 단어였습니다. 이 두 단어는 그가 듣기 가장 싫은 단어가 되었습니다. 이러한 학생들은 하나님을 절대 아버지라고 부르지 않습니다. "하나님을 아버지로 경험하세요!"라고 말하면 '아멘' 대신 '노멘'(아니오) 합니다. 자신의 아버지 경험에 비추어 볼 때 아버지는 폭행자 또는 무책임한 자였기 때문입니다.

각 가정의 아버지가 아버지 역할을 어떻게 하느냐에 따라 자녀들이 하나님을 아버지로 경험하는 데 좋은 영향을 받을 수도 있고, 아주 부정적인 영향을 받을 수도 있습니다. 이러한 상처가 치유될 때, 비로소 하나님을 아버지로 부르는 감격과 기쁨이 회복될 수 있습니다.

사실 자녀 의식과 감격이 있는 신자에게는 아무리 어렵고 곤고한 상황과 형편에서도 '아버지, 아버지'라는 말 외에 다른 위로가 필요 없습니다. 최악의 절박한 상황에서도 하나님을 향하여 '아버지'라고 말하면 천근만근 찍어 누르던 근심과 걱정이 싹 사라지면서 "알았다, 네가 내 자식인데 내가 어떻게 하겠냐?" 하는 아버지의 음성이 성령의 역사를 통해 마음속에 소리 없이 들립니다.

제가 옛날 미국에서 사역했을 때 이단으로 몰릴 뻔했던 적이 있었습니다. 저를 이단으로 몰기 위한 조직적인 움직임도 있었습니다. 그러나 저는 일체 대응하지 않고 하나님 앞에서 기도만 했습니다.

"하나님 아버지, 신학적으로 논쟁을 하면 상대도 안 될 사람인데, 창피한 것, 말도 안 되는 것, 잘못 아는 것으로 이 아들을 판단하니 어떻게 하면 좋겠습니까. 제가 다니는 신학교의 교수들을 모시고 신학논쟁을 하여 그 사람에게 큰 망신을 주는 것이 어떻겠느냐고 제안하는 형제도 있는데 어떻게 하면 좋겠습니까?"

아버지께서 제 마음속에 주신 무언의 답변은 "내버려둬라. 네가 내 아들인데 뭐 고민할 게 있느냐"였습니다. 결국, 일 년이란 시간이 흘러갔습니다만, 상상을 초월하는 일들이 일어났습니다. 그렇게 괴롭혔던 분이 제 앞에서 공개적으로 사과할 정도로 문제가 잘 해결되어, 하나님 아버지께서 자식의 문제와 아픔을 해결해주시는 것을 체험했습니다. 하나님 아버지를 알고 부르고 누리는 기쁨은 하나님의 자녀 모두의 것입니다.

11

하나님을 아버지라
부르는 근거

하나님 아버지께서는 그의 사랑하는 자녀에게 가장 기대하는 모습이 있습니다. 이것은 이 땅에서 아이가 태어날 때 부모가 아이에게 기대하는 모습을 보면 알 수 있습니다.

아이가 태어나서 제일 먼저 배우는 말은 '엄마' 혹은 '아빠'라는 단어입니다. 부모라면 누구나 자녀로부터 '엄마', '아빠'라는 말을 처음 들었을 때의 감격과 기쁨을 가지고 있을 것입니다. 사실 이 단어 자체는 대단한 단어가 아닙니다. 그렇지만 이 단어를 사용하는 자와 이 호칭으로 불리는 자 사이의 관계 때문에, 이 단어가 자연스럽게 사용될 때 말로 표현할 수 없는 안도감과 평안함이 있습니다.

자녀가 부모를 부르는 말을 들을 때, "그래, 내가 네 아빠이지, 네가 내 자식이지" 하는 자연스러운 인식과 함께 마음속에서 기쁨이 솟아오릅니다. 이와 같이 우리 하나님 아버지께서도 그의 자녀가 하나님 앞에 나갈 때 하나님을 '아버지'라 부르기를 원하십니다. 그래서 하나님을 '아버지'라고 부를 수 있도록 하나님은 우리를 변화시키십니다. 이 변화가 바로 거듭남(중생)의 결과입니다. 이 변화의 역사가 우리 속에 일어나면서부터 전에는 전혀 불가능했던 언어, 즉 하나님을 향해 '아버지'라고 부르는 기도의 언어가 생겨나게 됩니다. '아버지'라는 기도의 언어는 하나님의 자녀로 태어나면서부터 비로소 형성된다는 사실을 주목해야 합니다.

이와 관련된 성경 두 곳을 참고할 필요가 있습니다. 첫 번째 구절은 예수께서 그의 십자가의 죽으심을 해산의 고통으로, 부활의 사건을 출산의 기쁨으로 설명하는 요한복음 16장입니다. 여기서 예수께서는, 제자들에게 그의 십자가 사건을 염두에 두시면서, 십자가의 죽음은 말로 다할 수 없는 해산의 고통이지만, 그의 부활은 신생아 탄생의 기쁨이라고 말씀했습니다(요 16:21-24).

"여자가 해산하게 되면 그 때가 이르렀으므로 근심하나 아기를 낳으면 세상에 사람 난 기쁨으로 말미암아 그 고통을 다시 기억하지 아니하느니라 지금은 너희가 근심하나 내가 다시 너희를 보리니 너희 마음이 기쁠 것이요 너희 기쁨을 빼앗을 자가 없으리라 그 날에는 너희가 아무 것도 내게 묻지 아니하리라 내가 진실로 진실로 너희에게 이르노니 너희가 무엇이든지 아버지께 구하는 것을 내 이름으로 주시리라 지금까지는 너희가 내 이름으로 아무 것도 구하지 아니하였으나 구하라 그리하면 받으리니 너희 기쁨이 충만하리라."

예수께서는 그가 친히 겪으신 말로 다할 수 없는 십자가 고통의 산고를 통해 마침내 하나님의 자녀가 탄생하게 될 것을 예언하신 것입니다. 물론 그의 자녀로 태어나는 자는 예수님의 말씀을 듣는 제자들이고, 또한 그의 제자들을 통해서 그를 믿는 우리들입니다(요 17:20-21).

또 다른 구절은 요한복음 21장 5절입니다. 부활하신 예수님께서는 새벽녘에 갈릴리 해변에서 초기 제자들에게 나타나 '얘들아'라고 부르셨습니다. 이 호칭은 부활하신 예수께서 제자들을 향해 물으신 '얘들아, 너희에게 고기가 있느냐?'라는 질문에 나옵니다. 예수께서는 이미 결혼해서 자식까지 있는 제자들에게 '얘들아'라고 부르신 것입니다.

이 호칭은 매우 감동적입니다. 이 호칭 속에는 예수께서 해산의 고통과 같은 십자가를 기억하시고 기쁨의 부활을 바라보시며, 십자가와 부활사건을 통해 영적으로 새롭게 태어난 제자들을 자녀들로 부르고 계신다는 진리가 들어 있습니다.

예수께서는 그의 제자들을 향해 "한심한 너희를 볼 때 내가 너희를 위해 십자가의 고통을 당한 것이 실수라는 생각이 든다"라고 결코 말씀하지 않으셨습니다. 예수께서는 오히려 말로 형언할 수 없는 기쁨으로 그들을 '애들아'라고 부른 것입니다.

하지만 이때 일곱 제자들의 영적 상태는 아주 안 좋았습니다. 예수께서 그들을 3년 동안 가르친 훈련이 원점으로 돌아간 것 같은 절망적인 상황이었습니다. 그럼에도 불구하고 예수께서는 새벽에 그들에게 나타나셔서 "애들아, 내가 아이를 낳기 전에 해산의 고통이 있으나 애를 낳을 때 말로 다할 수 없는 기쁨으로 고통을 잊게 된다고 말하지 않았니? 이제 내가 내 십자가의 고통으로 너희를 낳았다. 그 결과 너희가 하나님의 자녀들이 되었다. 그래서 나는 부활의 기쁨으로 너희를 하나님의 자녀라고 부르는 것이다"라고 사랑의 음성으로 속삭인 것입니다. 여기서 예수님의 말씀의 핵심은 그의 제자들이 십자가와 부활 사건에 근거하여 하나님의 자녀들로서 탄생했다는 것입니다. 사도 베드로는 이 놀라운 진리를 "예수 그리스도를 죽은 자 가운데서 부활하게 하심으로 말미암아 우리를 거듭나게 하사 산 소망이 있게 하시며"(벧전 1:3)라고 표현했습니다.

아버지라고 부르시는
성령 하나님

아이가 태어나자마자 제일 먼저 배우는 언어가 '엄마', '아빠'라는 단어이듯이, 하나님의 자녀로 중생한 사람들은 하나님을 향해서 아주 자연스럽게 '아버지'라고 기도하게 됩니다. 이 언어는 중생의 결과로 입에서 자연스럽게 나옵니다. 우리는 중생을 해도 어색해서 하나님을 향해 스스로 '아바', '아빠 아버지'라고 부르지 못합니다. 그래서 하나님께서는 자녀들인 신자들의 마음에 성령을 보내주셔서 그렇게 부르도록 하십니다. 그의 자녀들이 하나님께 아버지라고 부를 수 있게 하기 위해, 성령께서 신자를 대신해 친히 하나님을 향하여 '아빠 아버지'라고 부르시는 것입니다. 이 것이 신자들이 하나님을 향해 아빠 아버지라고 부르는 신비의 배

경입니다. 이와 관련해서 갈라디아서 4장 6절의 내용을 주목할 필요가 있습니다. 갈라디아서 4장 6절은 "너희가 아들이므로 하나님이 그 아들의 영을 우리 마음 가운데 보내사 아빠 아버지라 부르게 하셨느니라"입니다. 이 구절은 하나님의 자녀인 우리 마음속에 성령이 합법적으로 들어 오시면서부터 기도가 시작된다고 밝힙니다.

많은 사람들이 본문을 피상적으로 읽고서 깊은 생각 없이, 이 기도를 신자가 하는 기도라고 간주합니다. 그러나 헬라어 본문과 이 뜻을 정확하게 반영하는 영어성경들을 보면, '아빠 아버지'라고 부르짖는 분은 신자의 마음속에 내주하시기 시작한 성령님이십니다. 이것은 참으로 놀라운 사실입니다.

제가 이 사실을 10여 년 전 총신대학교에 있을 때 학생들에게 가르친 적이 있습니다. 이 가르침을 받은 한 학생이 너무나 큰 충격을 받아 출석하고 있는 교회 목사님께 전했다고 합니다. 그랬더니 목사님께서 "나는 평생 그런 이야기를 들어 본 적이 없다. 총신의 유상섭 교수가 이상하다"라고 말했다고 합니다. 그래서 제가 그 학생에게 "그 목사님을 모셔와라. 내가 헬라어 성경을 가지고 문법적으로, 구조적으로 증명하겠다"라고 웃으면서 말한 적이 있습니다.

우리말 성경만 이 구절을 마치 신자가 '아빠 아버지'라고 부르짖는 것처럼 번역했습니다. 그러나 이 구절에서 문법적, 문맥적으로 '아빠 아버지'라고 부르짖는 분은 신자 속에 내주하시는 성령 하나님입니다. 이것은 아주 중요한 의미를 가집니다.

실제로 하나님 아버지와 성령님의 관계는 아버지와 아들의 관계가 아닙니다. 그런데 믿는 우리 속에 보냄을 받아 들어오신 성령께서 우리를 대신해 하나님을 향하여 '아빠 아버지'라고 부르짖는 것입니다. 성령께서는 하나님께 '나의 아빠 아버지'라 부르지 않을 것입니다. 그 대신 '신자의 아빠 아버지'라는 의미로 부를 것입니다. 기도하는 성령 자신이 마치 하나님의 자녀인 것처럼 말입니다.

13

아빠 아버지라
부르는 신자

—

성령께서 우리 속에서 '아빠 아버지'라고 하시는 기도에 감동과 감화를 받았을 때 신자가 하는 기도가 로마서 8장 15절에 나옵니다.

"너희는 다시 무서워하는 종의 영을 받지 아니하고 양자의 영을 받았으므로 우리가 아빠 아버지라고 부르짖느니라."

여기서 누가 '아빠 아버지'라고 부르짖습니까? '양자의 영'을 받은 신자들입니다. 여기서 '양자'라고 번역한 단어는 그 의미가 정확하지 않습니다. 그 본래의 뜻을 풀어쓰면 이것은 '우리로 하여금 하나님의 아들이신 예수님의 모습을 닮게 하는 성령님'이란 의미입니다. 신자는 신분상 하나님의 자녀일 뿐 성품으로는 아직 예수님을 닮지 못했습니다. 그런데도 성령님이 우리 안에 계셔서 '아빠 아버지'라고 기도하시니 우리의 영이 자기도 모르게 '아빠 아버지'라고 부르는 것입니다. 바로 이 호칭은 신자가 하나님을 향해 부르짖는 기도의 언어입니다. 내주하시는 성령께서 신자 안에서 하나님을 향해 '아빠 아버지'라고 부르짖으시므로(갈 4:6), 신자들이 이 기도에 영향 받아 자연스럽게 하나님을 향해 동일한 호칭으로 기도하는 것입니다(롬 8:15). 이것은 예수께서 기도하실 때 친히 사용한 용어입니다.

어떤 상황에 놓여 있든지 가장 위대한 기도는 항상 하나님을 '아버지'로 부르는 기도입니다. 신자들은 '아빠, 아버지'라고 부르는 기도를 회복해야 합니다. 그런데 신자들 중 많은 분들이 하나님 아버지 앞이 아니라, 능력이 많은 분 앞에 나와서 기도하는 자로 바뀌고 있습니다. 이 말의 뜻을 씹어봅시다.

신자들은 시간이 가면 갈수록 "아버지 없이는 살 수 없어요. 아버지가 인도해주셔야 해요. 삶의 현장에서 아버지를 드러내야 하는데, 아버지가 이끌어주지 않으시면 나는 망신당할 수밖에 없어요"라고 아버지에 대한 의존도가 깊어져야 합니다. 또한 자녀로서 아버지를 높이겠다는 의식이 있어야 합니다. 그런데 이런 의식은 온데간데없이 사라지고 있습니다.

학생 신자가 기도할 때는 학생 의식을 가지고 기도합니다. 사업하는 신자가 기도할 때는 사업가 의식으로 기도합니다. 사장일 때는 사장 의식으로 기도합니다. 직장인일 때는 직장인 의식으로 기도합니다. 주부일 때는 주부 의식으로 가득한 찬 기도를 합니다. 그러나 직장인이든, 학생이든, 주부든, 사업가든, 신분과 직업은 상황과 환경에 따라 계속 바뀝니다. 시간이 지나도 바뀌지 않는 것은 신자와 아버지 하나님과의 관계입니다. 따라서 우리는 기도할 때마다 "나는 하나님의 아들(딸)입니다. 예수님 때문에 제게 이렇게 영화롭고 존귀한 신분을 주셔서 감사합니다. 제가 하나님의 자녀로서 살아가는 가운데 잠시 학생 혹은 직장인이라는 직분을 가지고 있는데, 무엇보다 하나님의 자녀로서 살아가게 해주세요"라고 기도해야 합니다. 하나님의 자녀 의식으로 가득 찬 기도가 회복될 때 삶의 모든 현장에서 하나님의 자녀들의 삶이 빛날 것입니다.

자녀 신분은 영원하지만

최근에 소천하신 어르신 중에 나이가 아흔 세 살인 분이 계셨습니다. 교회는 안 나오셨지만 교우의 부모님이셨습니다. 부모님이 그 정도 연세라면 따님은 거의 육십 세가 넘지 않겠습니까? 그러면 93세의 부모가 63세 혹은 60세의 자녀를 부를 때 '할매야'라고 부르겠습니까? 당연히 그렇지 않습니다. '애야'라고 부릅니다.

자식은 60-70세가 넘어도 변함없이 영원한 자식입니다.

신자와 하나님 아버지와의 관계가 이와 같습니다. 신자가 죽어서 하나님 아버지 앞에 갔을 때 하나님께서 우리를 뭐라고 부르시겠습니까. 하나님께서는 "내 아들 왔구나, 내 딸 왔구나"라고 말씀하실 것입니다.

저에게는 "유 목사 왔구나", 장로에게는 "아무개 장로 왔구나", 집사와 권사에게는 "아무개 집사, 권사 왔구나." 찬양대원에게는 "찬양대원 왔구나"라고 말씀하지 않으실 것입니다. 모두에게 동일하게 자녀의 호칭을 부를 것입니다. 죽어서 가는 천당에도, 예수님의 재림 때 임하는 새 하늘과 새 땅에도 하나님의 자녀가 아닌 자는 한 사람도 없을 것이기 때문입니다.

하나님 아버지 앞에서 자녀의 신분은 영원하지만 직분은 일시적이라는 사실을 우리가 기억할 때 하나님의 자녀 신분에 충실하게 살 수 있을 것입니다.

세상에서 나이 든 어른으로 살아가게 되면 어디 가서 누구에게 하소연 할 데가 없습니다. 걱정 많은 부모님을 앞에 두고 하소연 할 수도 없고, 이미 이 세상에 계시지 않기 때문에 그렇게 할 수가 없습니다. 또한 사람에게 하소연하려 하면 "내가 네 부모가 아니니 그만 해라"라고 핀잔을 줍니다. 사람들은 오히려 나에게 도움받으려고 하지 도와주려고 하지 않습니다. 그러나 신자는 나이가 아무리 많이 들었더라도 자녀의 기쁨을 가지고 하나님 아버지 앞에서 얼마든지 재롱을 떨고 하소연할 수 있습니다. 우리의 영원한 아버지께서는 우리를 언제나 기다리고 계시고 사랑하시기 때문입니다. 모든 것을 가지시고, 모든 것을 이끌어 가시는 하나님 아버지께서는 "사랑하는 아들아, 네가 아들과 딸로서 살아가는 데 필요한 것을 다 주겠다"라고 약속하십니다(마 6:31-34). 그래서 하나님의 자녀는 직장이나 가정이나 어디에 있든지 하나님의 자녀라는 사실이 더 분명해져서 시간이 지날수록 하나님 아버지에 대한 신뢰와 의뢰가 깊어지는 것입니다.

자녀의 기도를
상실한 신자들

기독교 외에 세상의 어떤 종교도 자기들이 믿는 신을 아버지라고 부르고, 그 신을 섬기는 자를 아들로 인정하는 종교는 존재하지 않습니다. 기독교와 다른 종교의 근본적인 차이는 하나님의 호칭에 있습니다. 이슬람 교도는 알라신을 절대 '아버지'라고 불러서는 안 됩니다. 알라에게는 아들이 없고, 알라 스스로 아버지가 되지도 않기 때문입니다. 그래서 이슬람교에서는 알라를 아버지라고 부르는 순간 이단으로 정죄됩니다.

예수님의 기도생활에서 가장 핵심 단어는 '아빠'였습니다(마 26:39; 눅 10:21; 23:34,46). 예수님의 기도에는 '거룩하신', '의로우신'이라는 수식어가 붙었지만, 그 다음에는 반드시 하나님의 호칭으로서 '아버지'가 붙습니다(요 17:11, 25).

예수님과 같이 초대교회의 성도들도 하나님 앞에 나올 때마다 '자녀 의식'을 가장 소중하게 여겼습니다. 이것을 하나로 요약해서 보여주는 것이 바울서신과 일반서신의 서문에 항상 들어가 있는 '하나님 아버지와 우리 주 예수 그리스도'라는 호칭입니다. 또한 요한일서를 잘 살펴보면 하나님을 호칭하는 단어가 '하나님' 혹은 '아버지', 이 두 개밖에 없습니다. 요한일서 2장 1절에는 '아버지', 5절에는 '하나님'으로 나옵니다. 이와 같이 아버지와 하나님이 교차적으로 사용되었습니다. 요한이서 3절 "은혜와 긍휼과 평강이 하나님 아버지와 아버지의 아들 예수 그리스도로부터"에서는 '하나님 아버지와'라고 말씀합니다. 그러므로 '하나님' 하면 무조건 '아버지'인 것입니다. 그러나 애석하게도 오늘날 신자들에게 하나님을 아버지로 부르는 의식이 너무 많이 사라졌습니다.

제가 신약성경의 저자들이 하나님을 호칭하는 방식을 연구한 적이 있습니다. 하나님을 호칭하는 방식은 다양합니다. 제일 많이 나오는 호칭이 '하나님 우리 아버지'(롬 1:7; 빌 1:2; 엡 1:2; 골 1:2; 살후 1:1; 2:16; 몬 1:3)입니다. '우리 하나님 아버지'(갈 1:3; 살전 1:3), '하나님 아버지'(딤전 1:2; 딤후 1:2; 딛 1:4), '하나님 곧 우리 주 예수 그리스도의 아버지'(롬 15:6; 엡 1:3; 골 1:3)도 나옵니다. 그 외에 '우리 주 예수 그리스도의 하나님, 영광의 아버지'(엡 1:17), '우

- 하나님 우리 아버지(롬 1:7; 빌 1:2; 엡 1:2; 골 1:2; 살후 1:1, 2:16; 몬 1:3)
- 우리 하나님 아버지(갈 1:3; 살전 1:3)
- 하나님 아버지(딤전 1:2; 딤후 1:2; 딛 1:4)
- 하나님 곧 우리 주 예수 그리스도의 아버지(롬 15:6; 엡 1:3; 골 1:3)

리 주 예수 그리스도의 아버지 하나님'(벧전 1:3), '아버지 하나님' (엡 5:20), '하나님 곧 우리 아버지'(빌 4:20), '하나님 곧 아버지'(고 전 8:6) 등이 있습니다. 이와 같이 하나님의 다양한 호칭에서 빠지 지 않고 공통적으로 나오는 것이 '아버지'입니다. 이 사실은 우리 가 하나님에 대해 아무리 많은 호칭을 알고 이해한다 해도 '하나 님' 하면 무조건, 가장 우선적으로 의미 있게 떠오르는 단어가 '아 버지'가 되어야 한다는 것을 교훈해줍니다.

한국교회는 언제부턴가 기도할 때 '아버지'라는 호칭 대신 '주 님'이라는 호칭을 애용하고 있습니다. 그런지 몰라도 '아버지' 삼 창은 없어도 '주여' 삼창은 있습니다. 물론 '주여' 삼창은 다니엘 서 9장 19절의 기도에 근거한다고 합니다. 그러나 그것도 정확하 게 하려면 삼창이 아니라 "주여 들으소서, 주여 용서하소서, 주여 귀를 기울이시고 행하소서, 지체하지 마소서, 나의 하나님이여" 라고 해야 할 것입니다.

제가 어느 날 곰곰이 생각해보았습니다. 귀가할 때 딸이 "박사님 오셨어요?", "교수님 오셨어요?", "창신교회 담임목사님 오셨어요?"라고 인사한다면 제가 어떻게 반응하겠습니까? 아마 "야, 간지럽다"라는 말이 제 입에서 나올 것입니다. 부모는 자식에게 그저 '아버님', 혹은 '어머님'이라고 불리며 인정받을 때 기쁨과 감격이 있습니다. 만일 부모가 자식들에게 '밥 잘 주시는 분', '때마다 쌀 주고 돈 달라면 돈 주시는 은행 같은 분'으로 간주된다면 부모는 정말 기분이 상할 것입니다. 신자가 하나님 아버지 앞에서 기도할 때도 마찬가지입니다.

우리의 기도가 기도다운 기도가 되려면 '아버지'라는 호칭이면 충분합니다. 그런데 우리는 이런 저런 수식어를 다 붙이면서 하나님을 '만능 문제 해결사'라거나 '전지전능하신 분', '내가 원하는 모든 것을 다 가지신 분'으로만 여기는 경향이 있습니다. 하나님께서는 이런 기도를 들으실 때, "야! 내가 그렇게 아버지 자격이 없냐? 아버지라고 말하면 안 되냐?"라고 반문하실 것입니다.

하나님께서는 우리를 아들과 딸로 삼기 위해 엄청난 대가를 지불하셨습니다. 만물의 창조는 6일이 걸렸지만 우리를 아들과 딸로 받아주는 데는 수천 년의 역사가 필요했습니다. 구원의 약속을 하시고, 이를 구약에 예비적으로 계시하시며, 그의 아들 예수께서 오셔서 약속된 구원을 성취하시고, 이것을 그의 택한 백성에게 나누어주기까지 많은 시간과 노력이 소요되었습니다. 이러한 엄청난 대가를 생각할 때, 자녀된 우리는 하나님 아버지 앞에 나오는 기쁨과 감격이 있어야 합니다.

그런데 애석하게도 우리는 요즘 '아버지'라는 호칭을 잃어버림으로 그런 아버지를 모신 자녀의 감격도 상실하고 있습니다. 믿는 우리가 하나님 아버지를 경배하려고 나와 아버지께 기도할 때 "아버지 앞에 있으니 행복해요. 아버지를 생각하니 근심이 떠나가요. 산꼭대기든 들판이든, 육지든 바다든, 그 어디에 있든지 그곳은 내 아버지가 만든 곳이니, 나는 아버지의 자녀라 즐겁고 평안해요"라고 고백할 수 있는 감동과 감격이 있어야 할 것입니다.

하나님께서는 신자가 아무리 자주 아버지라고 불러도 싫어하지 않으십니다. 제가 아버지로서 제 자식에게 "야, 이제 아버지라고 그만 불러라. 나보고 박사라고 부르든가, 더 좋은 용어를 써라"라고 말하지 않는 것처럼 말입니다. 우리 모두는 하나님 자녀됨의 의식과 감동을 반드시 되찾아야 할 것입니다.

우리는 기도할 때 무엇을 놓고 기도하고 있는지 자신을 솔직하게 돌아볼 필요가 있습니다. 교회에서는 언제나 하나님 자녀의 신분을 가장 소중하게 여겨야 합니다. 그러나 현실은 그렇지 않습니다. 하나님의 자녀가 아니라도 상관이 없고, 모든 신자에게 필요한 것은 첫째도 직분, 둘째도 직분, 그리고 셋째도 직분이 되고 말았습니다. 한 두 교회의 문제가 아니라 대부분의 교회들이 그렇게 되었습니다.

교인들은 하나님의 자녀라는 이름으로 불리는 것으로 기뻐하고 즐거워하지 않습니다. 하나님의 자녀로 불리는 기쁨과 만족은 교회 어디에도 찾아볼 수 없게 되었습니다. 교회마다 각종 직분(집사, 권사, 장로 등)의 이름으로 불리고 있습니다. 하나님 앞에 나올 때마다 자녀가 누리는 말로 형언할 수 없는 편안함과 즐거움과 사랑받음의 감격이 사라졌습니다.

교회에서 어떤 직분을 맡지 않아도, 죽어서 천국 가는 데 전혀 지장이 없습니다. 그러나 하나님의 자녀라는 신분이 없으면 교회를 평생 다녀도 구원은 없습니다. 아무리 목사고 장로고 집사와 권사가 되었어도, 하나님의 자녀가 아니면 그 사람은 구원과 아무런 관계가 없습니다. 그런데도 신자들은 교회에서 직분을 얻는 일에 목숨을 걸고 있습니다. 그러나 누구도 천국에서 직분에 따라 대접받지 아니할 것입니다. 오직 하나님의 아들과 딸로서 산 충성의 정도에 따라 대접받게 될 것입니다. 직분의 유무와 상관없이 하나님의 자녀이기에 그곳에 가며, 모두 동일하게 영원히 하나님의 자녀로 불릴 것입니다. 하나님께서는 저에게 "유 목사, 잘했구나"가 아니라 "내 아들아, 수고했다"라고 말씀하실 것입니다. 신자들 모두에게도 마찬가지일 것입니다.

15

가족 의식과 형제 의식을
회복시키는 자녀 의식

—

신자가 자녀의 신분 감각을 잃어버리면 자동적으로 좌우에 있는
신자가 예수 그리스도의 피로 맺어진 한 형제라는 사실을 잊어
버리고 나와 상관없는 남으로 여기게 됩니다. 요한일서에는 자녀
라는 단어와 함께 자녀와 자녀 사이의 관계를 보여주는 형제 의
식이 등장합니다. 이와 관련하여 다음 페이지의 도표를 주목해
봅시다.

　요한일서에는 '형제'라는 단어가 12번 나옵니다. 그 중에 단 한
번이 '형제들아'(요일 3:13)라는 호칭(격)입니다. 나머지는 모두 목
적어입니다. 이때 목적어 명사 '형제'와 연결되어 사용된 동사는
'사랑하다'나 '미워하다' 둘 중에 하나입니다. 2장 10절에서 명사

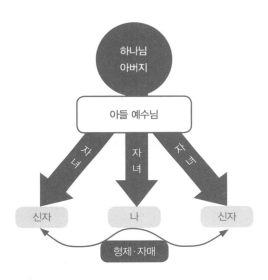

'형제'가 처음 사용되었습니다.

"그의 형제를 사랑하는 자는 빛 가운데 거하여 자기 속에 거리낌이 없으나 그의 형제를 미워하는 자는 어둠에 있고 또 어둠에 행하여 갈 곳을 알지 못하나니 이는 그 어둠이 그의 눈을 멀게 하였음이라."

요한일서 3장 10절에도 형제를 사랑하는 것과 관련한 말씀이 나옵니다.

"이러므로 하나님의 자녀들과 마귀의 자녀들이 드러나나니 무릇 의를 행하지 아니하는 자나 또는 그 형제를 사랑하지 아니하는 자는 하나님께 속하지 아니하니라."

14-15절도 '형제를 사랑하느냐 아니면 미워하느냐'에 대하여 언급합니다.

"우리는 형제를 사랑함으로 사망에서 옮겨 생명으로 들어간 줄을 알거니와 사랑하지 아니하는 자는 사망에 머물러 있느니라. 그 형제를 미워하는 자마다 살인하는 자니 살인하는 자마다 영생이 그 속에 거하지 아니하는 것을 너희가 아는 바라."

4장 20절에도 동일한 주제가 나옵니다.

"누구든지 하나님을 사랑하노라 하고 그 형제를 미워하면 이는 거짓말하는 자니 보는 바 그 형제를 사랑하지 아니하는 자는 보지 못하는 바 하나님을 사랑할 수 없느니라."

이상의 네 구절들은 자녀 의식이 회복될 때 형제 의식이 회복되어 형제를 사랑하게 됨을 보여줍니다. "하나님께서 나도 사랑하고 너도 사랑하니 나도 너를 사랑해. 내가 먼저 믿었고 네가 나중에 믿었으니 너는 내 동생이야"라고 하며 형제 사랑의 끈으로 끈끈하게 엮어지는 놀라운 사랑의 역사가 일어납니다. 하나님의 자녀 의식이 회복될 때 바로 옆에 있는 형제자매를 한 가족으로 인식하고 대하는 가족 사랑의 역사가 일어나는 것입니다.

영어 단어 FAMILY(가족)의 알파벳을 따서 'Father and Mother, I Love You'라고 풀어 놓은 문장이 있습니다. 그렇습니다. 가족이란 아빠 엄마가 자식을 향하여 "내가 너를 사랑한다"는 사랑의 온

기와 편안함을 느끼게 하는 곳입니다. 또한 자식이 부모님께 "아빠와 엄마, 제가 사랑해요"라고 부모의 사랑에 반응하는 곳이기도 합니다. 부모와 자식 간의 이러한 사랑은 형제자매를 서로 사랑하는 것으로 자연스럽게 표현됩니다.

집을 떠나서 미지의 목적지까지 가는 길은 언제나 불안하고 멀게 느껴지지만, 집으로 돌아가는 길은 왜 이렇게 가까운지 모릅니다. 가정이 주는 안도감과 아늑함과 따뜻함과, 부모의 품과 형제자매의 우애가 있기 때문입니다. 그러나 가슴속에 하나님 아버지의 자녀 의식이 사라지니, 그 결과 형제 의식도 가족 의식도 희미해집니다. 가족 의식이 사라지니 교회에서 함께 신앙생활을 하는 지체들도 남남이 됩니다.

현대교회는 형제자매 의식도 하나님의 가족 의식도 부족합니다. 한 교회에서 함께 신앙생활을 하더라도 예수 그리스도의 피로 맺어진 하나님의 가족이라는 의식과 인식이 거의 없습니다. 우리 모두는 성찬을 통해 한 떡 예수 그리스도에 참여하는 한 몸의 여러 지체인데도 말입니다. 주님의 피와 살에 영적으로 참여하는 성찬은 한편으로 예수님의 피 공로로 말미암아 하나님께서 아버지 되심과 우리가 그의 자녀 됨을 확인하고, 다른 한편으로 그의 자녀들 사이에서 형제자매의 관계를 분명하게 하는 역할을 하기 때문입니다.

자녀들은 일반적으로 서로 아옹다옹 다투기는 해도 증오할 정도로 미워하지는 않습니다. 형제자매는 아이일 때 밖에서 위험이 닥쳐오면 하나로 뭉칩니다. 서로 다투다가도 어떤 사람이 "네 동생을 데려간다"고 하면 그 사람을 꼬집고 때리며 달려듭니다.

창신기도원 뒷마당에 개가 여러 마리 있었습니다. 어떤 개는 하얗고 어떤 개는 시커먼데도 얼마나 사이좋게 지내는지 모릅니다. 개들 사이에는 일체 차별이 없고, 순수혈통이냐 잡종이냐도 상관하지 않기 때문일 것입니다.

우리 각 신자가 하나님 앞에 설 때, 그 중에는 형도 누나도 있을 수 있습니다. 그러면 하나님 아버지 앞에 섰을 때 "애야, 네가 형인데 동생을 돌봐야 하지 않느냐? 그런데 어떻게 동생들한테 매정하게 입 싹 씻고 '아버지 도와주세요'라고 할 수 있느냐?"라고 반문하실지도 모릅니다. 이것은 굉장히 중요한 말입니다. 사실 누구나 어렸을 때는 많이 다투었지만 그래도 나이 차이가 많이 나서 수준이 다르면 형제자매 사이에 싸움이 되지 않습니다. 대략 5살 정도 차이가 나면 일반적으로 좋아하는 놀이도 기호도 다르기 때문입니다. 하나는 인형 가지고 놀고 하나는 책 보고 있습니다. 그러니 둘 사이에 싸움이 일어날 리 없습니다.

신앙생활을 하다 보면 어떤 성도는 더 성장했고, 어떤 성도는 덜 성장한 경우가 있습니다. 그러나 성장한 신자뿐만 아니라 옆에 있는 형제도 하나님을 향해 아버지라고 부르짖는 자이고, 그역시 아버지 하나님께는 동일하게 기쁨과 즐거움이 되는 자녀입니다. 그러니 예배드리러 나와서 위만 쳐다보고 있다가, 옆도 뒤도 안 보고 그냥 집으로 돌아가서는 안 됩니다.

하나님과의 수직적인 관계의 신앙에만 지나치게 몰두하면 교회에서 성도들을 보면서 "아, 저기 내 동생이 있구나, 형님이 있구나" 또는 "저 분은 우리 예수님의 피로 구원을 받고 하나님의 자녀가 되어 나와 함께 영원히 영광을 누릴 존귀한 지체구나" 하는 의식이 없을 수 있습니다. 그 결과 형제가 아파할 때 같이 아파하고, 기뻐할 때 같이 기뻐하지 못 하게 됩니다. 이 모든 것은 하나님의 자녀 의식, 곧 하나님이 우리 모두의 아버지가 되신다는 의식에 근거한 가족 의식을 상실함으로 생기는 현대교회의 병입니다.

이제 각 교회는 '아버지', '자식', '형제자매', '가족'이란 단어들을 회복해야 하겠습니다. 기도가 깊어지면 깊어질수록 그 중심에 '아버지'라는 단어가 있을 것입니다. 하나님께 '아버지'라는 호칭 한 마디만 불러도 말로 다할 수 없는 감격을 가져오는, 평범하지만 위대한 기도가 우리 가운데 있어야 할 것입니다. 그렇게 되면 자연스럽게 형제자매 의식과 가족 의식도 회복될 것입니다.

제가 총신에 재직하고 있을 때 하는 일마다 안 되고 가족 관계도 안 좋은 학생이 하나 있었습니다. 어느 날 그는 학교 건물 옥상에 올라가 자신의 신세를 한탄하며 기도했습니다. 하늘을 쳐다보면서 "하나님 아버지" 하고, 또 한 번 하늘을 쳐다보며 "하나님 아버지, 내 신세가 이 모양 이 꼴입니다" 하고, 또 다시 하늘을 쳐다보며 "하나님 아버지" 하며, 자기도 모르게 그렇게 간단한 기도를 했다고 합니다. 그런데 나중에 시계를 보니 한 시간이 지났다고 합니다. 이 학생은 이 단순한 기도를 통해 하나님 아버지가 얼마나 위대하신지를 평생 처음 알았다고 합니다.

미사여구가 있는 화려한 기도보다 하나님 아버지 앞에 드러나는 자녀의 존재 의식이 온갖 염려와 근심과 걱정을 극복하고 이기게 합니다. 자녀 기도를 통해 이루어지는 자녀 의식의 성숙은 언제 어디에 있든지 평안과 기쁨과 만족을 가져다줍니다. 그래서 설사 혼자 떨어져 있다 할지라도 예수께서 말씀하신 것과 같이 아버지께서 함께 하시니 고독하지 않습니다(요 8:29). 혹 제2의 인생을 시작한다 할지라도 아버지는 나를 홀로 두지 않으시기에 당당하게 도전할 수 있는 것입니다.

결론과 권면과 기도

요약과 결론

앞에서 한 말씀을 요약해봅시다. 세 호칭, '자녀들아', '아비들아', '청년들아' 중에 가장 근본적인 호칭은 '자녀들아'입니다. 예수께 서는 "너희가 돌이켜 어린아이와 같이 되지 아니하면 결단코 천 국에 들어가지 못하리라"고 선언하셨습니다(마 18:3). 이것은 하나 님 나라의 백성이 되는 데에 하나님의 자녀됨이 얼마나 중요한지 를 강조하신 것입니다.

한국교회는 신앙생활에서 가장 근본적으로 중요한 하나님의 자녀 의식을 회복해야 합니다. 재판장이신 하나님께서 우리의 죄 를 용서해주셨을 뿐만 아니라 친히 우리의 아버지가 되어주셨습니다. 따라서 하나님의 자녀가 된 우리는 죄 용서를 확신하게 됩니다. 더불어 본문 12절에 '자녀', 14절에 '아이들아'라고 표현되어 있듯이, 시간이 갈수록 성숙하는 신자는 아버지 하나님에 대한 의존 의식이 강해지게 됩니다.

혹시 잠이 오지 않습니까? 평안이 없습니까? 그것은 하나님 아버지를 전적으로 의지하고 신뢰하는 것이 부족하기 때문일 수 있습니다.

아이들은 성장하면 성장할수록 부모에게서 독립하게 됩니다. 자녀들이 멋지게 독립할 수 있도록 키우는 것이 아이들을 잘 키우는 것입니다. 그러나 신앙생활의 경우는 정반대입니다. 신앙이 성장하면 성장할수록 하나님을 더욱 의지하고 더 바라보는 신자가 건강한 신자입니다. 이러한 자녀 의식의 강화될 때, 우리는 살아가면서 언제나 아버지의 이름에 영광을 돌리게 될 것입니다.

기도를 위한 권면

1인 3역을 하는 멋진 신자로 살아가기 위해서는 하나님의 자녀 의식을 회복하는 것이 가장 근본적으로 중요합니다. 하나님 자녀의 특권과 그의 자녀 됨의 영광이 얼마나 큰 것인지 다시 깨닫기 위해 기도합시다. 직업도 직종도, 교회 안에서 직분도, 이와 유사한 기타 모든 것도 다 바뀌지만, 영원히 바뀌지 않는 것은 신자들이 가진 하나님 자녀의 신분입니다.

교회의 직분은 하나님께서 구원의 은혜로 주신 자녀 신분에 비하면 아무것도 아닙니다. 이제껏 대수롭지 않은 것으로 생각해왔던 하나님의 자녀 의식이 근본적이며 영원한 것으로, 내 마음에 잘 박힌 못과 같이 되도록 진지하게 기도합시다. 하나님의 자녀라는 자부심과 자랑과 말로 다 할 수 없는 감격과 기쁨에 사로잡히기 위해 기도합시다. 하나님 자녀 됨의 확고한 신분 의식을 가지고 살면, 그의 복되고 사랑받은 자녀로서 무엇을 하든지, 하나님 아버지를 위해 하지 않는 것이 없을 것입니다.

아비들아 내가 너희에게 쓰는 것은
너희가 태초부터 계신 이를 알았음이요

아비들아 내가 너희에게 쓴 것은
너희가 태초부터 계신 이를 알았음이요

사람들에게 사랑을 베풀고
책임지는 어른

17

예수님을 계속 체험하는 자가
아비가 된다

신앙훈련의 과정을 거쳐 형성되는 모습이 바로 사람 앞에서 책임지고 베푸는 '아비'(아버지)의 모습입니다. 본문은 이런 아버지에 대해 말씀하고 있습니다. 14절은 "아이들아 내가 너희에게 쓴 것은 너희가 아버지를 알았음이요 아비들아 내가 너희에게 쓴 것은 너희가 태초부터 계신 이를 알았음이요 청년들아 내가 너희에게 쓴 것은 너희가 강하고 하나님의 말씀이 너희 안에 거하시며 너희가 흉악한 자를 이기었음이라"라고 말씀합니다.

13절의 '아비들아'로 시작하는 부분과 14절의 '아비들아'라고 시작되는 부분은 같은 호칭과 동일한 내용을 제시하고 있습니다. 아비들이 태초부터 계신 이를 알았다는 것입니다. 이에 대하여 구체적으로 생각해봅시다.

13절과 14절에 사용된 동일한 호칭 '아비'는 어떤 자입니까? 그는 14a절에 언급된 아버지 하나님의 모습을 가진 자입니다. 성경에서 아버지는 항상 무게 있고, 삶의 행위와 가르침에 있어서 본이 되는 분입니다. 그 중 잠언서는 우리에게 '아버지'를 가장 많이 떠올리는 책입니다. 이와 관련해서 잠언서의 전체 개요에 대해 간단하게 말하고자 합니다.

잠언서에 가장 많이 나오는 호칭은 '내 아들아'입니다(1:8,10,15; 2:1; 3:1,11,21; 4:10,20; 5:1,20; 6:1,3,20; 7:1; 19:27; 23:15,19,26; 24:13,21; 27:11). 아버지는 '아비의 훈계를 들으라', '악한 길에 들지 말라', '그들과 함께 다니지 말라', '음녀를 따라가지 말라' 등의 교훈을 통해 자식에게 말로 교육하고 삶으로 모범을 보여줍니다.

요한일서 본문은 "너희가 태초부터 계신 이를 알았음이요"라고 말씀함으로 아비들을 '태초부터 계신 이'를 안 사람으로 정의합니다. '태초부터 계신 이'는 하나님 아버지를 말하는 것일까요? 아니면 요한일서 1장 1절에 기록된 하나님의 아들 예수 그리스도를 말하는 것일까요? 태초부터 계신 이는 요한일서 서론(1:1)에 소개된, 생명의 말씀이신 하나님의 아들 예수 그리스도를 말합니다.

아비들은 예수께서 드러낸 하나님 아버지의 모습을 가지고 있어, 공동체 안의 형제나 교회 밖에서 아직 구원받지 못한 자를 대할 때 하나님 아버지의 모습을 나타냅니다. 이들은 과거의 어느 시점에 하나님의 아들 예수 그리스도를 알기 시작했습니다. 그들은 예수님의 맛에 푹 빠져서 그를 알고 또 아는 과정을 지속적으로 반복합니다. 그리고 그 마음속에는 태초부터 계신 하나님의 아들 예수님을 알고 누리고 체험하는 것이 중단 없이, 끝까지 계속 진행됩니다. 예수님을 알고 사귀고 누리다보니 자기도 모르는 사이에 예수께서 보여주신 하나님 아버지의 모습이 자기들의 삶과 인격과 행위 속에 나타나게 됩니다. 그래서 이들은 자기도 모르는 사이에 주위 사람들에게 '아버지'로 인정받게 됩니다.

요한복음에서 하나님 아버지는 주는 분, 나누는 분, 우리의 유익을 위해 희생하는 분입니다. 우리를 위해 최고를 내놓는 분, 우리의 허물을 덮어주고, 우리의 책임을 그의 아들 예수님에게 지워 주며 우리를 회복시켜 주시는 분입니다. 우리는 이러한 하나님 아버지의 모습을 예수님에게서 볼 수 있습니다. 예수께서는 요한복음 14장 9-10절에서 "나를 본 자는 아버지를 보았거늘 어찌하여 아버지를 보이라 하느냐 내가 아버지 안에 거하고 아버지는 내 안에 계신 것을 네가 믿지 아니하느냐 내가 너희에게 이르는 말은 스스로 하는 것이 아니라 아버지께서 내 안에 계셔서 그의 일을 하시는 것이라"라고 말씀하셨습니다. 이렇듯 예수 믿기 시작해서 지속적으로 예수를 체험하는 사람은 그가 보여주고 드러낸 하나님 아버지를 체험하게 되고, 그 결과로 아버지의 모습이 형성되는 것입니다.

4차원으로
예수 체험하기

요한일서 1장 1-2절은 예수님의 4중 체험에 대하여 말씀합니다. 요한일서 1장 1-2절의 내용은 "태초부터 있는 생명의 말씀에 관하여는 우리가 들은 바요 눈으로 본 바요 자세히 보고 우리의 손으로 만진 바라 이 생명이 나타내신 바 된지라 이 영원한 생명을 우리가 보았고 증언하여 너희에게 전하노니 이는 아버지와 함께 계시다가 우리에게 나타내신 바 된 이시니라"입니다.

여기서 주목할 중요한 네 동사는 '듣다', '보다', '주목하다', '만지다'입니다. 이 네 동사가 의미하는 바가 무엇입니까? 이것은 예수님을 알고 체험하기 위해서는 그에게서 듣고, 그를 보고, 그를 주목하고, 그를 만지는 입체적 4중 체험이 필요함을 알려줍니다.

한 번 듣고 또 듣고, 또 들으면 보고 싶어집니다. 보고 또 보고, 또다시 보면 주목하고 싶은 욕망이 생깁니다. 주목해서 보면 볼수록, 만지고 싶은 욕망이 일어나게 됩니다. 이와 같이 예수님을 알고 체험하는 일은 들음에서 시작하여 봄과 주목함의 단계를 거쳐서 만짐의 단계로 나가는 것입니다. 이 네 단계는 예수님을 계속적으로 알고 체험하는 데 반복적으로 진행됩니다.

예를 들어 생각해봅시다. 어떤 사람이 "창신교회 좋다더라"라는 소문을 한번 들었다고 합시다. 그 사람이 또 다른 사람을 통해서 "창신교회 끝내준다더라"라는 소문을 들었습니다. 그러면 그 사람의 마음속에는 '그 교회에 한번 가봐야지' 하는 소원이 생길 것입니다. 그 사람이 우연히 교회가 위치한 사임당로를 지나가다가 교회 건물이 보이면 "저게 창신교회이구나" 하게 되고, 교회 안에 한번 들어오면 '나중에 또 와봐야지' 하게 되고, 교회에 와서 보고 간 후 '이 교회 성도들을 만나서 관찰해봐야지' 하게 될 것입니다. 한번 관찰해서 안 되면 또 관찰하면서, 들리는 소문이 정말 사실인지 확증하기 위해 여기 저기 들러보고 확인해보게 됩니다. 신자의 예수님 체험도 이와 유사합니다.

교회에 대한 소문뿐만 아니라 처음 복음을 들었을 때도 마찬가지입니다. 처음에 "예수께서 당신을 위해서 죽었다가 살아나셨습니다"라는 복음을 들었어도 가슴에 감동과 감화가 일어나지 않

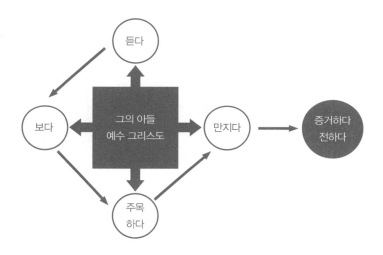

을 수 있습니다. "2000년도 더 된 예수님의 죽음이 나와 무슨 관련이 있어?"라고 반문할 수도 있습니다. 그러다 어느 날 홀로 감당할 수 없는 어려운 상황이 닥치면 '정말 그런가?' 하면서, 귀로만 들었던 예수님의 복음을 눈으로 보고 싶어지고, 확인하기 위해 주목하게 되고, 주목하는 가운데 경험하고자 하는 의지가 생기는 것입니다. 그리고 만지작거리게 됩니다. 이처럼 예수님에 대하여 반복하여 듣다보면 그를 보고 싶어집니다. 반복하여 예수님을 보면 그를 주목해서 보고 싶어질 것입니다. 또한 계속해서 예수님을 주목하면, 마침내 그를 만지지 않고는 견딜 수 없을 것입니다.

신자가 이렇게 반복적이고 단계적으로 예수님을 체험하다 보면 자신도 모르는 사이에 점진적으로 예수님과 같이 되는 것입니다.

예수님 경험이 듣는 단계에만 머물러 있으면 아비의 모습이 신자 속에 이루어지지 않습니다. 제가 총신에서 교수로 사역하고 있을 때 저를 좋아하는 두 종류의 학생이 있었습니다. 하나는 저를 멀리서만 좋아하는 학생이고 다른 하나는 가까이서 좋아하는 학생이었습니다. 멀리서 저를 좋아하는 학생도 자신이 다니는 교회에 가서 "총신에 유상섭 교수님이 계신데, 그는 설교 잘하는 교수 중에 하나다. 진지하게 설교하는 분이다. 나는 그의 제자다"라고 말하고 다닙니다. 그런데 그런 학생이 학교에서는 저에게 가까이 오는 것을 두려워합니다. 왜냐하면 저에게 가까이 오면 자기 정체가 드러나기 때문입니다. 저의 과목을 수강해서 F 학점을 받거나 B+ 이하의 성적을 받으면 신학대학원 무시험 전형과 사회 진출에 지장이 있을 수 있으니 과목은 수강하지 않고 멀리서만 저를 좋아하는 것입니다.

그런데 일산의 어느 교회에서 부교역자를 뽑는 기준으로 제 과목을 얼마나 수강했는가를 확인한 적이 있다고 합니다. 유 교수의 과목을 많이 수강했으면 일단 합격이고, 수강한 과목이 없으면 그의 신앙의 진지함과 신학의 실력을 믿을 수 없다는 것입니다. 저의 강의를 들어본 적도 없고 저와 진지하게 교제해본 적이 없는 학생이 저를 깊이 안다는 것은 불가능합니다. 성도의 예수님 체험도 이와 마찬가지입니다.

어떤 성도는 단지 "예수께서 나를 위해 죽고 다시 살아나셨데?"라고 아무런 감동 없이 밋밋하게 예수 그리스도를 고백합니다. 반면 어떤 성도는 "주님을 더 체험하기 원합니다"라고 가슴 찡한 고백을 합니다. 후자는 "저는 주님의 육성을 들을 수 없고 주님의 얼굴을 볼 수도 없습니다. 주님을 유일하게 만날 수 있는 곳은 복음서의 기록뿐이니 신구약 성경을 통해서 주님을 알고 체험하고 누리게 하소서"라고 간구하게 됩니다.

이러한 간구가 계속되면서 예수 그리스도의 경험이 점점 심화되는 단계로 나아갈 때, 그에게 어떤 일이 일어납니까? 예수께서 피땀 흘려 이루신 구원의 은혜를 믿는 이에게 주시는 예수님의 희생하는 모습, 겸허한 모습, 그리고 그의 인자한 모습을 경험하게 됩니다. 이러한 경험이 반복되면서 그들 속에 예수님의 모습이 형성되는 놀라운 기적이 일어납니다. 그 감격을 가슴에 품고 삶의 현장에 나가, 그 자신이 알고 체험한 예수님을 아주 자연스럽게 사람들과 나누게 됩니다. 이렇게 예수님을 영적으로 듣고, 보고, 주목하고, 만지는 단계를 반복해서 경험하면, 누구도 어떤 일도 그를 예수님에게서 떼어놓으려 해도 떼어놓을 수 없는 예수님과 깊은 애착관계의 단계에 도달하게 됩니다.

저는 겨울에도 자전거를 타는 사람이 진짜 자전거를 탈 줄 아는 사람이라고 생각합니다. 저는 영하 14도 날씨에도 자전거를 탄 적이 있습니다. 혹한에 자전거를 탈 때 처음에는 신체의 거의 모든 부분이 추위를 느낍니다. 하지만 20-30분만 이를 악물고 추위를 참고 자전거를 타면 몸에서 열이 오르고 땀이 나옵니다. 그 다음부터는 마음을 상쾌하게 하고 기분을 좋게 하는 엔도르핀이 나옵니다. 이러한 시점에 도달한 다음부터 자전거 타기는 식은 죽 먹는 것처럼 수월합니다. 그런데 어떤 사람은 이런 혹한에 걷는 것도 어려운데 자전거를 타는 것은 바보 같은 행동이라고 말합니다. 자전거를 타는 세계에 깊이 들어오지 않고는 이 세계를 아무리 이해하려 해도 이해할 수가 없습니다. 자전거라는 분야도 이러한데, 예수님을 지속적으로 누리는 것은 얼마나 더 깊고 오묘합니까? 믿는 우리가 생명의 전부가 되시는 예수 그리스도를 조금 누려보고 그를 다 안다는 것은 말이 되지 않습니다.

신자가 예수님 안에서 누리는 하나님의 사랑에 대해 듣고, 보고, 주목하며, 그 높이와 깊이, 넓이와 길이를 끊임없이 알아가면 어떻게 되겠습니까?(엡 3:17-19) 자신도 모르는 사이에 예수께서 이 땅에서 보여준 하나님 아버지의 모습이 그 안에 형성될 것입니다. 이 때 사람들은 그 안에서 하나님 아버지를 느끼게 됩니다.

19

아버지와
아이의 차이

—

아버지와 자식의 관계에 대하여 좀더 생각해봅시다. 아버지는 베푸는 자이고, 자식은 아버지에게서 받아 누리는 자입니다. 신자들은 이 세상에 살면서 하나님 앞에서는 자녀로, 사람 앞에서는 베푸는 아버지로 살아야 합니다. 그런데 신자 대부분은 이와 정반대로 삽니다. 성숙하지 못한 아이 같은 신자는 사람 앞에서 "이것 주세요", "저것도 주세요", "이것 좀 도와주세요", "저것도 챙겨주세요"라고 계속 요구합니다. 하지만 아버지는 이런 요구를 하지 않습니다.

아버지는 사람들에게서 '오늘은 뭐 얻어먹지?'라는 생각을 하지 않습니다. 그 대신 언제든지 '내가 사람들에게 베풀 것이 무엇인가'를 곰곰이 생각합니다. 아버지는 집에 들어갈 때 자식에게 기쁨을 주려고 먹을 것을 사들고 갑니다. 아버지는 식당에서 자식들과 함께 식사한 후에 "얘들아, 돈은 너희가 내야지?"라고 말하지 않습니다. 아이들은 주머니에 있던 지갑도 식당에 갈 때는 일부러 빼놓고 갑니다. 그러나 어른은 식사하러 가기 전에 반드시 지갑을 챙깁니다. 아버지가 땀을 흘리는 이유는 가정을 지키고 세워 그의 자녀들이 고생하지 않게 하려는 것입니다.

그런데 어떤 성도는 사람 앞에서 해야 할 아버지 역할은 하지 않고 "하나님, 제가 교회에서 30-40년 동안 대를 이어 섬겼는데 이게 뭡니까?" 하는 원망과 불평의 마음을 품을 때도 있습니다. 왜 마음에 이런 '섭섭병'이 듭니까? 다른 성도들이 날 알아주지도 인정하지도 않고, 세워주지 않기 때문 아닙니까? 신앙의 연조로는 어른이지만, 신앙의 인격 면에서 어린아이가 많을수록 교회에 문제가 많이 생기게 마련입니다.

자녀들에게 "아빠가 최고니까 박수쳐 봐, 박수!" 하는 아빠나 엄마는 없습니다. 아버지는 땀 흘려 이룬 열매를 가족 모두 누리게 합니다. 아버지는 자신의 생명까지 내어 주며 희생하는 자입니다. 이렇게 책임지고 애쓰며 얻은 결과를 베푸는 자가 아버지입니다. 이러한 아버지의 사전에는 '섭섭병'이 없습니다.

하나님 아버지의 모습은 십자가의 고통을 견디고 구원의 모든 열매를 공짜로 주시는 예수에게서 잘 보입니다. 또한 희생적이고 헌신적인 아버지의 모습은 하나님 아버지의 모습을 보여준다고 할 수 있습니다. 하나님 아버지께서는 그분의 지혜와 능력과 부와 권세와, 심지어 천사도 동원하여 믿는 자들을 하나님의 아들과 딸로 만들고자 얼마나 투자하는지 모릅니다. 세상의 아버지들은 자식들을 키워 시집 장가보내고 난 다음 "아, 이제 내가 할 일은 끝났다. 이제는 자식들이 효도할 것만 남았다"라고 말하기도 합니다. 그러나 하나님 아버지께서는 그의 자녀들에게 결코 그렇게 말씀하지 않으십니다.

예수님과 지속적으로 깊이 사귀어 하나님 아버지를 닮아 '아버지가 된 신자'는 하나님의 이런 사랑을 알기에 평생 땀 흘려 교회를 위해 헌신하면서도 조금도 섭섭한 마음을 갖지 않습니다. 아버지는 교회에 어려운 일이 있으면 그 책임을 자신에게 돌립니다. 오히려 이런 섬김의 기회를 주신 하나님 아버지께 감사합니다.

아버지는 또한 자신의 특권을 거부하고 함께 신앙생활 하는 성도들에게 대가를 바라지 않고 아낌없이 주고 용서하는 삶을 삽니다. 이러한 사랑의 삶을 넘어 그들을 자신의 자식처럼 돌보는 삶을 삽니다. 그리고 예수님을 닮은 삶으로 사람들에게 영향을 주어 한 사람, 두 사람 전도합니다. 아버지는 결혼했으나 자식을 낳지 않은 신랑이 아니라, 전도를 통해 계속 자식을 낳는 진정한 아비가 되려고 힘씁니다.

사람에게서 얻기 위해서가 아니라 주기 위해 교제할 때 신앙의 성숙이 이루어집니다. 청년들은 직장을 선택할 때, '내가 그 회사에 가면 무엇을 얻을 수 있는가?'가 아니라 '내가 그 회사에 무엇을 기여할 것인가?'를 진지하게 고려해야 합니다. 이것이 아비의 마음과 정신을 가진 기독청년의 모습입니다.

직장에 들어가서 예수님 닮은 아비의 모습으로 살 수만 있다면 무덤 속에라도 들어가려는 각오가 있어야 합니다. 신자가 예수께서 이 세상에 오셔서 보여주신 책임지고 베푸는 어른의 모습을 가지고 살아갈 때 세상은 여기저기서 하나님을 보여주는 사람들로 가득 차게 될 것이고, 하나님께서는 도처에서 영광 받으실 것입니다. 한국교회는 이러한 아비와 같은 성도들을 많이 배출해야 교회의 미래가 밝을 것입니다.

저는 어떤 성도들을 보고 안타까울 때가 있습니다. 부모님의 집에 갈 때마다 부모가 친히 농사를 지어 수확한 농산물을 챙겨 가지고 오는 재미를 누리듯 교회에 오는 분들입니다. 그런 성도는 교회에 오면 '집에 갈 때 뭐 좀 가지고 갈 게 없나' 하고 여기저기를 둘러보고, 집으로 갈 때 반드시 많든 적든 무엇인가를 챙겨 갑니다. 한평생 신앙생활을 하는 동안 자신의 돈을 사용하여 형제자매들에게 기꺼이 베풀 생각은 하지 않습니다. 그 대신 "오늘은 누가 밥 안 사주나", "내일은 누가 안 사나?", "이번에 애 낳았으니까 한턱내라"라고 서슴없이 말합니다. 이런 것은 어린아이의 행동과 말입니다. 하나님의 자녀로서 하나님 앞에서 해야 할 행동을 사람 앞에서 사람에게 행하는 유치한 행동입니다. 이런 사람에게는 예수께서 보여주신 아버지의 모습이 없습니다.

20

아비 의식을
품게 해주는 기초

—

예수님과 계속 사귀어 더 알고 더 체험하면 예수께서 자신의 일
부를 준 것이 아니라 전부를 주셨음을 알게 됩니다. 이렇게 될 때
신자 자신도 자기 전부를 사람들에게 주고 싶은 마음이 생깁니다.
심지어 자신의 전부를 드려도 부끄럽고 죄송스러워 겸손하게 됩
니다. 이렇듯 아비의 모습은 신앙생활을 오래했다고 생기는 것이
아닙니다. 예수님에 대해서 계속 듣고, 계속 보고, 계속 주목하고,
계속 만지는 4차원적인 입체적 누림이 심화될 때 갖춰지는 것입
니다. 한마디로 말하면, 예수님의 사랑을 계속 체험해야 합니다.
예수님의 사랑은 평생을 다해도 다 체험하지 못하기 때문에 이
체험은 일평생 계속돼야 합니다.

어떤 사람들에게 "예수님이 당신을 사랑하신다는 것을 설명해 보십시오"라고 질문하면 너무나 간단하게 대답합니다.

"제가 지옥 갈 수밖에 없었는데, 예수께서 저를 대신하여 십자가에서 형벌을 받으셨으므로 저는 더 이상 지옥에 가지 않게 되었습니다. 그리고 예수님의 순종으로 내가 의인이 되었으니 죽으면 제가 천당에 가게 되었습니다. 그러니 저는 하나님의 사랑을 엄청나게 받았지요."

그에게 "그것이 다 입니까?"라고 질문하면 "그것 외에 더 있습니까?"라고 간단하게 대답합니다. '하나님의 사랑'을 말하면 죽어서 지옥 안 가고 천당에 가는 것밖에 생각되는 것이 없기 때문입니다. 이것이 대부분의 성도들에게 들을 수 있는 일반적인 답입니다.

앞에서 이미 말했듯이, 신앙생활의 가장 근본적인 기초는 하나님 아버지와 자녀의 관계입니다. 하나님 아버지의 사랑을 받은 자식은 세상에서 사람에게 사랑을 베풉니다. 그러나 아버지의 사랑을 받지 못한 자들이 인간관계에서 문제를 일으킵니다.

사람 앞에서 가지는 아비 의식은 신자가 하나님 아버지 앞에 설 때마다 받는 친밀하고 따뜻한 사랑에 기초합니다. 하나님의 사랑이 자녀인 우리 안에 쌓일 때, 우리가 만나는 사람에게 어른답게 책임지고 사랑을 베풀게 되는 것입니다. 수직적으로 하나님 아버지에게 받아 수평적으로 사람들에게 나누는 은혜의 원리는 하늘에서 비가 수직으로 내려와서 수평으로 흘러가는 것과 같습니다.

신자들은 하나님 아버지에게서 사랑을 받는 점에서는 자녀들입니다. 이 사랑을 사람들에게 베풀고 나누는 일에서는 아버지인 것입니다.

신자들은 사람을 이용하기 위해서가 아니라 돕기 위해 만나야 합니다. 저는 대학생들에게 누누이 이야기해왔습니다.

"하나님의 자녀로 인정받기 위해서는 너희가 필요로 하는 교회보다 너희를 필요로 하는 교회로 가서 섬겨라. 직장도 너희가 유익을 얻을 수 있는 곳보다 너희를 필요로 하는 곳으로 가라. 그래야만 하나님의 영광을 드러내고 정말 성숙한 모습으로 살아갈 수 있다."

예수님을 믿는 우리는 여기저기에서 얻어먹을 것을 찾아다니는 영적 거지 근성을 가지고 살아서는 안 됩니다. 우리가 풍성하게 받는 하나님의 사랑이 얼마나 고차원적입니까? 그런데 그것도 부족하여 사람의 사랑, 돈과 명예까지 받으려 한다면 하나님의 참사랑을 맛보지도 못한 철부지 신자로 남을 것입니다.

21

아비는 받은 사랑을
사람에게 베푼다

성경은 하나님 아버지의 사랑이 신자의 가슴에 부어질 뿐만 아니라(롬 5:5), 동시에 신자 자신이 주 예수님의 사랑밭에 심겨져 있는 것을 강조합니다(엡 3:17-19). 사도 요한은 하나님의 자녀에 대해 감격하면서 감탄사로 "보라 아버지께서 어떠한 사랑을 우리에게 베푸사 하나님의 자녀라 일컬음을 받게 하셨는가"라고 말했습니다(요일 3:1). 이 말씀은 하나님 아버지의 사랑이 어떻게 시작되어 진행되고, 마지막 날에 완성될 것을 내다보며, 그때에 우리가 놀라게 될 것과 이 사랑을 더욱 강하게 체험하게 될 것을 이야기합니다.

하나님의 사랑이 예수 그리스도 안에서 신자의 속마음을 사로

잡고 있을 뿐만 아니라 신자를 지탱하고 있는 근거임을 보여주는 말씀 두 구절을 생각해봅시다. 에베소서 3장 16-19절과 로마서 5장 5-8절입니다. 먼저 에베소서 3장 16-19절을 주목해봅시다. 여기에 사도 바울의 놀라운 기도가 등장합니다.

"그의 영광의 풍성함을 따라 그의 성령으로 말미암아 너희 속 사람을 능력으로 강건하게 하시오며 믿음으로 말미암아 그리스 도께서 너희 마음에 계시게 하시옵고 너희가 사랑 가운데서 뿌리가 박히고 터가 굳어져서 능히 모든 성도와 함께 지식에 넘치는 그리스도의 사랑을 알고 그 너비와 길이와 높이와 깊이가 어떠함을 깨달아 하나님의 모든 충만하신 것으로 너희에게 충만하게 하시기를 구하노라."

이 말씀은 신자가 하나님의 '사랑의 밭'에 뿌리가 박혀 있다는 것을 보여줍니다. 바울은 이 사랑이 얼마나 위대한 사랑인지를 묘사할 때 '지식에 넘치는 그리스도의 사랑'이라고 묘사합니다. 이것은 그리스도의 사랑이 이성과 논리 또는 이론이나 추론으로도 감지할 수 없는 고차원적인 것임을 보여줍니다. 우리는 그리스도의 사랑의 너비와 길이와 높이와 깊이가 어떠함을 경험적으로 알아야 합니다.

한국에서 가장 넓고 긴 평야는 김제 평야입니다. 일전에 김제 평야를 관통하는 서해안 고속도로를 달리면서 만경강 일대를 본

적이 있습니다. 그때 고속도로로 20분 이상을 달려도 계속 펼쳐지는 평야를 보면서 김제 평야가 얼마나 넓고 긴지를 실감했습니다. 하지만 김제 평야는 그리스도의 사랑밭과 비할 상대가 되지 않습니다. 신자가 그리스도의 사랑이라는 밭에 뿌리를 내리고 또 내리고 아무리 계속 내릴지라도, 그 깊이는 한이 없습니다. 반대로 그 사랑의 높이를 알기 원하여 올라가고 올라갈지라도, 그리스도의 사랑의 꼭대기까지 다 올라갈 수 없습니다. 또한 그 사랑의 넓이를 알려고 앞으로 달려가고 또 계속 달려갈지라도 끝과 한계를 확인할 수 없습니다.

그리스도의 사랑은 인간의 언어와 표현으로 다 설명되지 않습니다. 이 사랑은 인간의 감각과 느낌으로는 도무지 감을 잡을 수 없습니다. 신자가 평생 누리고 또 누려도 다 알 수 없을 만큼 넓고, 길고, 높고, 깊은 것이 바로 그리스도의 사랑입니다.

그리스도의 사랑밭에 심겨져 그의 사랑의 진액과 수액을 먹고 사는 성도들의 마음에는 그리스도 자신이 계십니다. 바울은 에베소서 3장 17절에서 "믿음으로 말미암아 그리스도께서 너희 마음에 계시게 하시옵고"라고 기도했습니다.

사도 바울은 로마서 5장 8절에서 "우리가 아직 죄인 되었을 때에 그리스도께서 우리를 위하여 죽으심으로 하나님께서 우리에 대한 자기의 사랑을 확증하셨느니라"라고 선언했습니다. 하나님께서는 2천 년 전에 자기의 사랑하는 아들을 십자가에 내어주심으로 신자를 향한 자신의 사랑을 확증하신 것입니다. 신자인 우리는 2천 년 전의 이 사랑을 지금 체험하고 누리고 있습니다. 이와 관련하여 사도 바울은 로마서 5장 5절에서 우리가 지금 체험하고 있는 그 사랑을 "소망이 우리를 부끄럽게 하지 아니함은 우리에게 주신 성령으로 말미암아 하나님의 사랑이 우리 마음에 부은 바 됨이니"라고 밝혔습니다. 이것은 성령께서 신자의 마음에 하나님의 사랑을 계속 쏟아 붓고 계심을 말하는 것입니다.

신자의 마음속에 계속 부어지는 하나님의 사랑은 우리의 상상을 초월합니다. 하나님의 사랑이 성령을 통해 신자의 마음에 한없이 부어지는 것입니다. 신자는 하나님의 사랑밭에 뿌리를 깊게 박은 사랑 나무로서, 그 밭으로부터 사랑의 양분을 공급받아 생명을 유지하고, 성장하고, 성숙하게 되는 것입니다.

한 밭에는 동일한 농작물을 몇 년 동안만 경작할 수 있습니다. 몇 년 농사를 지은 후에는 농작물의 종목을 바꾸거나, 땅을 한동안 쉬게 해주어야 토질이 회복됩니다. 하지만 하나님의 사랑밭은 결코 그렇지 않습니다.

요한일서는 하나님의 자녀가 그의 무한한 사랑을 받으며 그의 사랑으로 빚어지고 있음을 보여줍니다. 예를 들어 이러한 사랑을 최고급 뷔페의 20만 원짜리 식사라고 한다면, 어떤 사람이 이 음식을 마다하고 침 튀고 먼지 묻은 가판대의 싸구려 음식을 그리워하겠습니까? 이와 마찬가지로 내주하시는 성령께서 "사랑하는 아들들아, 내 아들 예수 그리스도를 사랑하는 것처럼 너희들은 내 사랑을 입는 자들이다"라는 하나님의 음성을 들려주실 때, 그의 사랑에 만족한 신자는 그의 사랑밭에 심길 뿐만 아니라, 그 가슴에 부어졌고 부어지고 있는 하나님의 사랑을 다른 이에게 베풀고 싶은 강렬한 열망을 가지게 되는 것입니다.

사람들에게 베풀 사랑은 먼저 하나님의 사랑을 지속적으로 받는 데서만 흘러나옵니다. 하나님의 사랑을 받은 사람은 그의 사랑을 베푸는 아버지의 모습을 가지게 됩니다. 이것은 예수님의 사랑을 끊임없이 체험할 때만 가능합니다.

"아비들아 내가 너희에게 쓰는 것은 너희가 태초부터 계신 이를 알았음이요 …"(요일 2:13).

"… 아비들아 내가 너희에게 쓴 것은 너희가 태초부터 계신 이를 알았음이요 …"(요일 2:14).

예수께서는 이 땅에서 어떻게 태어났으며 어떤 사역을 하셨습니까? 예수께서 하신 일을 생각하면 생각할수록 우리에게 그의 사랑이 가슴 깊이 실감날 것입니다. 이러한 체험이 반복될 때, 결국 자신도 모르는 사이에 예수님의 사랑에 의해 새롭게 사랑할 수 있는 존재로 더욱 빚어지는 것입니다. 그 결과 나도 모르게 무의식적으로, 내 자신이 아버지 앞에서 경험한 예수님의 사랑을 다른 사람들에게 자연스럽게 표현하고 베풀게 되는 것입니다. 이것이 바로 신앙생활의 핵심이며 예수 믿음의 본질입니다. 그래서 사도 바울은 "그리스도 예수 안에서는 할례나 무할례나 효력이 없으되 사랑으로써 역사하는 믿음뿐이니라"고 선언한 것입니다(갈 5:6).

아비는 그리스도의 성품을
닮고자 열망한다

요한일서는 예수님과의 지속적인 사귐의 결과로서, 신자는 사랑을 베푸는 아버지의 모습을 가지게 된다고 가르칩니다. 예수님을 지속적으로 사귀다 보면, 신자는 자신도 모르는 사이에 예수께서 이 세상에서 보여주신 하나님 아버지의 모습을 더욱 더 가지게 됩니다. 그 결과 예수님을 통해 나타난 아버지의 모습이 신자 자신의 삶과 행위를 통해서 다른 이들에게 나타나는 것입니다. 이것이 신앙생활의 핵심입니다.

"우리가 보고 들은 바를 너희에게도 전함은 너희로 우리와 사귐이 있게 하려 함이니 우리의 사귐은 아버지와 그의 아들 예수 그리스도와 더불어 누림이라"(요일 1:3).

그러니 예수님과 사귀면 사귈수록 신자의 모습에서 하나님 아버지의 모습이 구체적으로 나타나야 합니다. 하나님 아버지께서는 그의 모습이 신자에게 나타나는 것을 보고 "나의 아들 예수의 모습이 너에게 나타나는구나" 하시며 매우 기뻐하실 것입니다.

사도 바울은 "너희를 불러 그의 아들 예수 그리스도 우리 주와 더불어 교제하게 하시는 하나님은 미쁘시도다"라고 말씀했습니다(고전 1:9). 그래서 예수님을 믿는다는 것은 그를 알고 교제하며 그와 동고동락하는 가운데 예수님처럼 되는 결과를 가져옵니다.

믿는 우리에게는 예수님을 닮느냐 닮지 않았느냐의 문제가 아니라, 얼마나 닮아가느냐의 문제입니다. 찬송가 가사 중에 "주 사귀어 살면 주 닮으리니 널 보는 이마다 주 생각하리"(새찬송가 420장)는 한국교회가 몸소 체험하고 증언해야 할 바람직한 모습입니다. 단지 머리로만 예수님을 아는 것은 하나님께서 의도하신 목적대로 예수님을 제대로 아는 것이 아닙니다. 예수님을 아는 것이 자신을 예수 그리스도와 닮게 할 때 온전한 앎이 되는 것입니다. 사도 바울은 이것을 가리켜 "우리가 다 하나님의 아들을 믿는 것과 아는 일에 하나가 되어 온전한 사람을 이루어 그리스도의 장성한 분량이 충만한 데까지 이르리니"라고 잘 표현하였습니다(엡 4:13).

빌립보서에서 사도 바울은 예수님을 계속 닮아가는 것과 관련하여 "그 안에서 발견되려 함이니 내가 가진 의는 율법에서 난 것이 아니요 오직 그리스도를 믿음으로 말미암은 것이니 곧 믿음으로 하나님께로부터 난 의라 내가 그리스도와 그 부활의 권능과 그 고난에 참여함을 알고자 하여 그의 죽으심을 본받아 어떻게 해서든지 죽은 자 가운데서 부활에 이르려 하노니"라고 밝혔습니다(빌 3:9-11).

한번 예수님의 맛을 보면 지금까지 맛있게 느껴졌던 것들이 맛을 잃게 됩니다. 이전에는 그렇게도 맛있던 것들이 왜 맛을 잃게 됩니까? 이전에는 의미와 만족과 기쁨을 주었던 것이 어떻게 가치를 잃게 됩니까? 그 이유는 신자가 예수님을 더 얻고자 하고 그리스도 안에서 발견되려고 하기 때문입니다. 이 말은 어떤 사람이 거울 앞에서 자신을 비추어 보는 것같이, 예수께서 자신의 거울이 되셔서 예수 거울 앞에 자신을 비추어 보게 되는 것을 의미합니다.

신자가 인격과 사상의 거울이 되신 예수님 앞에 설 때 여지없이 자신의 초라한 모습이 드러납니다. 그로 인해 그리스도의 영광 앞에 비춰진 자신의 이전 영광이 초라하다는 것을 알게 됩니다. 그리스도의 위대함에 비친 자신의 위대함이 더 이상 위대하지 않다는 사실이 실감나게 폭로됩니다. 그래서 주 예수 앞에 자신을 비추어보는 신자는 높아지신 주님의 고상함과 영광이 자신의 모습이 되게 하고자 몸부림칩니다. 빌립보서 3장 10절은 이것을 잘 설명하여 "내가 그리스도와 그 부활의 권능과 그 고난에 참여함을 알고자 하여 그의 죽으심을 본받아 어떻게 해서든지 죽은 자 가운데서 부활에 이르려 하노니"라고 말씀합니다.

신앙생활을 하면서 진정으로 예수님처럼 되고자 하는 열망이 지속되지 않는다면 건강한 신앙이 아닙니다. 만약 예수님을 닮고자 하는 열망보다 다른 열망과 세상적이고 세속적인 욕심이 더 크다면 아직도 알고 누려야 할 예수님을 잘 모르는 것이고, 예수님을 제대로 믿는 것이 아닙니다.

일반적으로 한국교회는 예수님을 믿는 사람이 예수님처럼 되어 예수님처럼 산다는 사회적 인식과 평판을 얻지 못하고 있습니다. 예수님을 믿는 사람이 예수님처럼 되고, 예수님처럼 산다는 것이 일반 상식과 공식이 되어야 마땅한데 말입니다. 이러한 상황에서 성도들은 예수님을 닮아감으로 예수 믿음의 참 맛을 보여주어야 할 것입니다.

23

예수님을 계속 알아감으로
맺는 열매들

사도 베드로는 이 주제와 관련하여 "이런 것이 너희에게 있어 흡
족한즉 너희로 우리 주 예수 그리스도를 알기에 게으르지 않고
열매 없는 자가 되지 않게 하려니와"라고 말씀합니다(벧전 1:8). 여
기서 '이런 것'(들)은 무엇을 의미합니까? 바로 앞에 언급된 5-7
절에 등장하는 덕목의 내용들입니다.

"그러므로 너희가 더욱 힘써 너희 믿음에 덕을, 덕에 지식을,
지식에 절제를, 절제에 인내를, 인내에 경건을, 경건에 형제 우애
를, 형제 우애에 사랑을 더하라."

이것은 성도의 믿음이 자라면서 예수님의 아름다운 성품으로
성장하고 성숙하게 됨을 보여줍니다. 이 아름다운 성품은 예수님

을 닮는 구체적인 모습이고, 이러한 예수 닮음이 신자 안에 형성되면 될수록 예수님을 닮는 것으로 끝나지 않습니다. 오히려 그리스도를 더 닮고자 하는 열망이 그러한 신자 속에 더 크고 강해집니다. 덕, 지식, 절제, 인내, 경건, 형제 우애와 사랑이 더해질수록 예수님을 더 알고 싶고, 예수님을 더 닮고 싶어집니다. 그러나 이런 신앙의 품성과 덕성들이 없다면 예수님을 닮고 싶은 욕망도 간절함도 존재하지 않게 됩니다. 본문은 바로 이것을 가르치고 있습니다.

위의 말씀에서 예수님을 열매 없이 아는 것은 무엇을 의미합니까? 그것은 예수님을 알고 믿는다고 하면서도 그의 형상을 닮아가는 인격의 변화가 없다는 것을 말합니다.

열매 없는 앎과 반대가 되는 열매 있는 앎은 무엇입니까? 그것은 예수님을 알고 그의 인격과 성품으로 자신의 인격이 변화되는 것을 의미합니다. 사람들은 사람들 앞에서 자신을 낮추면 무시당하고 결국은 망하게 된다고 흔히 말합니다. 하지만 그런 생각이 자신 속에서 고개를 들어 올릴 때, "주님, 그리스도의 겸손이 나의 겸손이 되게 해주옵소서"라고 기도하면 분명히 변화가 시작되도록 성령께서 역사하실 것입니다.

예수님을 믿는 것은 예수님처럼 되어가는 것을 의미합니다. 예수님을 믿는 중생한 성도가 죽으면 천당에 가는 것은 기본 중의 기본입니다. 이것은 거듭남의 결과로서 처음에 예수님을 믿는 순간에 확정됩니다. 하지만 이것이 신앙생활의 최종 목표는 아닙니다. 우리는 죽으면 천당에 가는 것만 바라볼 것이 아니라, 예수님의 모습(사상과 인격과 행위)을 닮고자 노력해야 합니다. 이것은 신자가 삶의 모든 순간마다 성령의 인도를 받아 힘쓰고 애써야 할 일입니다. 예수님을 믿음으로 그 열매로서 지속적인 변화를 경험하여, 이 세상에서 믿지 않는 사람들에게 예수님의 모습을 드러내야 합니다.

교육이 인격을 아름답게 포장할 수는 있습니다. 하지만 교육이 인격을 근본부터 바꾸지는 못합니다. 그렇기에 예수께서 그의 성령으로 믿는 신자를 바꾸어 가시는 모습이 사람 앞에 점점 드러나게 될 때, 그런 신자는 사람들을 예수님께로 끌어당기는 강력한 매력이 있게 됩니다. 이런 전도자들이 이 시대에 절실하게 필요합니다.

24

알고, 찾고, 되기
Knowing, Seeking, Becoming

하나님께서는 자녀들이 그의 아들 예수님을 본받으려고 그를 모방하는 것을 기뻐하십니다. 억울한 상황에서도 잘 참으셨던 예수님의 모습을 닮으려고 하면 성령의 역사하심으로 그렇게 인내하신 예수님을 닮게 하십니다. 하나님은 우리 삶의 매 순간마다 예수님의 모습을 기억하고 그를 생각하여, 그의 삶 전체가 자녀 모두의 모습이 되기를 바라십니다.

그러면 어떤 과정을 통해 아버지의 모습이 신자 속에서 구체적으로 이루어집니까? 이것을 알기 위해 필요한 것은 한국 사람이면 모두가 잘 아는 KBS가 아니라, 들어본 적 없고 잘 알지 못하는 KSB입니다. KSB는 신자가 예수님을 닮아 가는 데 아주 중요한 세 가지 요소를 말합니다. KSB는 다음과 같습니다.

K : Knowing Jesus(예수님 알기). 예수님을 알면 알수록 그와 같이 살고 싶어집니다.

S : Seeking Jesus(예수님 찾기). 예수님을 알기에 그를 찾고 구하고 그의 은혜의 보좌 앞에 나아가 두드립니다.

B : Becoming like Jesus(예수님처럼 되기). 기도함으로 성령의 역사를 힘입어 예수처럼 변화되어갑니다.

신자가 지속적으로 주님과 사귀어 살다 보면 내 안에 계신 그리스도께 반응하여 기도하게 됩니다. 이때 내주하시는 성령의 역사로 예수님의 모습이 신자에게 이루어집니다. 이렇게 예수님의 모습이 신자 안에 형성되는 만큼 사람들 앞에서는 아버지의 모습으로 나타나는 것입니다. 바로 이것이 성숙한 신자가 사람들에게 보여주는 아버지의 모습입니다.

이러한 아버지의 모습을 가진 신자는 섬김을 받기 보다는 섬기는 것에 주력합니다. 이런 신자는 하나님 아버지의 사랑을 받아 성숙하여 다른 사람에게 그 사랑을 나누는 것을 기뻐하고 좋아합니다. 예를 들어 교회가 찬양대 연습을 할 때 빵과 우유를 준비했다고 합시다. 빵과 우유를 충분히 준비했어도 늦게 온 찬양대원이 먹을 것이 남지 않는 경우가 있습니다. 왜 이런 일이 생기게 됩니까? 먼저 온 찬양대원 중에 영적인 성인 아이가 있기 때문입니다.

'성인 아이'란 신자가 예수님을 믿기 시작한 지는 오래되었지만 예수님을 닮아가지 못하고 여전히 미성숙한 아이 상태인 것을 말합니다. 반면 베푸는 아버지의 모습을 가진 신자는 교회 식당에서 밥을 뜨고 반찬을 담을 때에도 자기 뒤의 성도들이 얼마나 더 식사를 할 것인지 생각하고 배려하면서 푸는 밥과 담는 반찬의 양을 조절합니다. 이러한 배려와 사랑은 자신이 아무리 배가 고파도 아이들에게 더운밥을 주고 자신은 찬밥을 먹는 부모와 같습니다.

아버지는 높은 수준에 있지만 자녀들을 배려해 자기 수준을 낮춰주는 자입니다. 주님 앞에 설 때 불안과 초조함이 느껴집니까? 아니면 편안합니까? 자녀는 아버지 앞에서 편안함을 느낍니다. 최고로 편한 자리가 아버지 앞이기 때문입니다. 우리가 아버지 앞에서 편안함을 느끼는 것과 같이, 하나님 아버지의 사랑을 듬뿍 받은 신자는 그를 만나는 사람들이 당연히 그에게서 편안함과 사랑을 느낄 수 있어야 합니다. 아버지는 이런 편안함을 느끼게 해주는 자입니다.

아버지는 아무리 어려워도 맡은 일을 끝까지 책임지고 감당합니다. 혈기가 있지만 그 혈기를 자제하고 통제합니다. 남들이 귀찮아하는 일을 맡아서 하고, 자신의 유익보다 교회의 유익을 구합니다. 자신이 손해를 보더라도 교회에 유익이 된다면 물러설

줄 아는 마음이 아비에게 있습니다. 문제와 분쟁을 일으키기보다 문제를 해결하고 분쟁의 화해자로 서는 자가 예수님을 닮은 참다운 어른입니다.

우리는 자녀들 사이에 싸움이 아무리 치열하고 격렬하더라도 아버지가 개입하면 그 싸움은 반드시 종결되는 것을 경험으로 알고 있습니다. 이것이 아버지의 능력과 영향력입니다. 하나님께서는 이러한 아버지의 모습을 그의 모든 자녀들에게서 보기 원하십니다.

저는 미국 유학 시절에 일주일에 한번 방영되는 '쿵푸'라는 영화를 즐겨 본 적이 있습니다. 미국 사람들은 이런 액션영화를 좋아합니다. 이런 영화의 시나리오는 언제나 유사합니다. 기본 줄

거리는 스승 밑에서 도를 닦은 제자가 스승으로부터 떠나도 된다는 인정을 받고 독립한 후, 새로운 세계에서 제자들을 키우며 문제를 해결하는 것을 다룹니다. 이 영화에 늘 등장하는 중요한 장면이 있습니다. 제자가 풀기 어려운 문제를 만날 때마다, 스승님이 자신과 똑같거나 비슷한 상황에 있을 때 그것을 어떻게 해결했는지 추억하는 장면입니다. 제자는 스승이 어떻게 문제를 해결했는지 추억하여 스승의 문제 해결법을 자신의 상황에 접목시켜 문제를 잘 해결합니다. 쿵푸영화는 대개 이런 식으로 끝납니다.

신자의 삶도 유사합니다. 신자는 매일 어려운 문제를 만나게 됩니다. 직장에서나 가정에서나, 혼자 있거나 사람들과 함께 있거나, 문제는 언제 어디에나 있습니다. 부자일 때나 가난할 때나, 모든 상황과 처지에서 스스로의 지혜와 능력으로 풀 수 없는 난관은 있게 마련입니다. 이러한 난관을 극복하려면 어떻게 해야 합니까? 예수님과 깊은 사귐이 지속돼야 합니다. 그래야 예수께서 이런 문제를 어떻게 해결하셨을까 생각할 수 있습니다. 그리고 성령의 도우심과 인도하심을 구할 때 그 문제를 해결할 수 있는 지혜와 능력이 생기는 것입니다. 이런 경험이 계속 쌓일수록 신자 속에 신앙의 내공이 쌓여 주님의 놀라운 모습이 매일의 생활 속에서 더 많이 나타나는 것입니다.

25

결론과 권면과 기도

요약과 결론

지금까지의 내용을 요약해봅시다. 믿는 우리는 먼저 하나님의 자녀로서 성경 말씀과 말씀기도를 통해서 아버지의 사랑을 계속 체험하고 누려야 합니다. 이러한 체험과 누림이 계속되면 이것은 예수를 더 사귀고 싶고, 그를 더 체험하고 누리고 싶은 열망으로 바뀝니다. 그렇게 누린 예수님의 모습은 신자의 모델이 되어 닮고자 하는 모습이 됩니다. 그래야 예수님을 닮은 모습으로 사람 앞에 서게 될 때 비로소 사랑의 실천자로 살아갈 수 있는 것입니다. 이것이 사람들에게 하나님과 예수님의 사랑을 베풀고 나누는 아버지의 모습입니다. 이런 성도들이 태초부터 계신 이를 과거부터 알았고, 현재에도 알고 있는 자들입니다.

권면과 기도

한국교회의 심각한 문제 중에 하나는 신앙생활을 하면 할수록 하나님 앞에서 자녀 의식이 사라지고, 사람 앞에서는 버릇없는 아이 의식이 병적으로 심화되는 것입니다. 이제 우리는 예수님을 심층적이고 다차원적으로 사귐으로써, 그의 사랑과 온유와 희생과 용서에 녹아져 흘러나오는 사랑을 베푸는 아비의 모습을 가져야 합니다.

"하나님 앞에서 인자와 긍휼을 구하는 자녀로 살 수 있도록 도와주옵소서. 더 이상 사람들 앞에서 질투하고 다투며 달라고 하는 아이가 되지 않게 하소서. 오히려 베풀고 책임지기 위해 애쓰는 성숙한 어른이 되도록 도와주옵소서. 이를 위해서 하나님 아버지의 모습을 온전하게 드러내신 예수 그리스도와 사귐이 낮은 단계에서 높은 단계의 앎으로 성장하게 하소서. 하나님 아버지 앞에서는 늘 감격과 기쁨이 충만한 자녀로, 사람 앞에서는 하나님 아버지의 모습을 가진 베풀고 책임지는 어른으로 살게 하소서."

청년들아 내가 너희에게 쓰는 것은
너희가 악한 자를 이기었음이라

청년들아 내가 너희에게 쓴 것은
너희가 강하고 하나님의 말씀이 너희 안에
거하시며 너희가 흉악한 자를 이기었음이라

세상에서 죄와 싸워
이기는 청년

죄와 싸워 이기는,
말씀으로 무장된 청년

___

성숙한 신자의 세 번째 모습은 말씀으로 무장되어 세상에서 죄와 싸워 이기는 청년입니다. 이것은 1인 3역을 하는 신자로서 마지막이면서 절대적으로 중요한 모습입니다.

13절의 "청년들아 내가 너희에게 쓰는 것은 악한 자를 이기었음이라"를 주목해 봅시다. 이것을 좀 더 명확하게 풀이하면 "청년들아, 너희가 알아야 할 것이 있는데, 그것은 바로 너희가 악한 자, 곧 사탄을 이겼다는 사실이다"라고 선언한 말씀입니다.

청년들이 어떻게 악한 자를 이길 수 있었습니까? 예수께서 이 세상에 오셔서 사탄과 싸워 이기셨기 때문입니다. 그래서 예수를 믿는 우리가 사탄을 이길 수 있는 것입니다. 요한일서 3장 8절은 이것을 명확하게 설명합니다.

"죄를 짓는 자는 마귀에게 속하나니 마귀는 처음부터 범죄함이라 하나님의 아들이 나타나신 것은 마귀의 일을 멸하려 하심이라"(요일 3:8).

예수께서는 그의 첫 사역인 광야시험부터 시작하여 마지막 사역인 십자가의 죽음까지 사탄과 싸움에서 승리하셨습니다(마 4:1-11; 눅 4:1-13). 예수께서 사탄으로부터 광야시험을 극복한 것이 사탄과 싸움에서 승리의 시작이라면, 그의 십자가의 죽으심과 부활은 사탄과 마지막 싸움으로서 결정적인 승리라고 할 수 있습니다.

저자는 요한복음에서는 악한 자, 곧 사탄과의 싸움에서 예수님의 결정적인 승리를 강조하고 있습니다. 예수님의 승리는 말씀으로 무장된 신자들이 승리할 수 있는 근거와 원동력입니다. 요한복음 12장 31절은 "이제 이 세상에 대한 심판이 이르렀으니 이 세상의 임금이 쫓겨나리라"라고 말씀합니다. 이 말씀에서 이 세상의 임금은 악한 세상의 주관자인 사탄입니다(요일 5:19).

세상의 임금인 사탄이 십자가 위에서 영광스럽게 달리실 예수님에 의하여 그의 권좌에서 쫓겨나면 어떤 결과가 일어나게 됩니까? "내가 땅에서 들리면 모든 사람을 내게로 이끌겠노라 하시니"라고 말씀하신 요한복음 12장 32절이 이 질문에 대한 답을 제공합니다. '땅에서 들리면'은 예수께서 십자가 위에서 영광스러운 죽으심을 당할 것을 가리킵니다. 예수께서 십자가에서 높이 들리실 때 사탄은 폐위당하고 이 땅에서 쫓겨나게 된다는 말씀입니다. 그리고 사탄의 손아귀에 있던 자들이 예수께 돌아오는 구원의 역사가 일어납니다. "모든 사람을 내게로 이끌겠노라"라는 말씀은 이 사실을 의미하는 것입니다. 요한복음 16장 11-12절, 33절은 이 주제에 대해 부연하여 설명해주고 있습니다.

"심판에 대하여라 함은 이 세상 임금이 심판을 받았음이라 내가 아직도 너희에게 이를 것이 많으나 지금은 너희가 감당하지 못하리라"(요 16:11-12).

이 말씀은 이 세상의 임금인 사탄이 십자가에서 심판을 받았음을 증언합니다.

또한 33절의 "세상에서는 너희가 환난을 당하나 담대하라 내가 세상을 이기었노라"는 말씀에서 예수께서는 '내가 세상을 이겼다'라고 선언하셨습니다. 예수께서 이긴 세상은 사탄이 지배하던 세상입니다. 이 말씀은 그가 곧 십자가에서 죽으심을 통해 사탄과 싸워 이길 것을 내다보시고 하신 것입니다. 그래서 예수께서는 사탄이 지배하는 세상을 이기신 것을 전제하고 제자들이 담대할 수 있다고 말씀하신 것입니다.

27

사탄과 싸워 이기는, 중생한 신자

—

요한은 청년들이 악한 자를 이겼다고 본문에서 두 번 강조하고 있습니다.

"청년들아 내가 너희에게 쓰는 것은 너희가 악한 자를 이기었음이라"(요일 2:13).

"청년들아 내가 너희에게 쓴 것은 너희가 강하고 하나님의 말씀이 너희 안에 거하시며 너희가 흉악한 자를 이기었음이라"(14절).

저자는 "너희가 악한 자를 이겼다. 그리고 내가 이미 이겼다고 이야기했다"라는 취지로 한번은 현재 시제로, 한번은 과거 시제로 시간 간격을 두고 강조한 것입니다.

12절의 '악한 자'와 14절의 '흉악한 자'는 누구입니까? 여기서 '악한 자'는 사탄을 가리킵니다. 성경이 일반적으로 '악한 자들'이라고 복수로 말할 때는 사탄을 추종하는 세력들과 사람들을 말하지만, 단수 '악한 자'로 표현할 때는 사탄을 지칭합니다. 헬라어 본문에는 '악한 자'와 '흉악한 자' 모두 동일한 단어가 사용되었습니다. 그러므로 이 둘은 모두 사탄을 가리킵니다.

기억할 것은 청년이 사탄과 관련해 등장하고 있다는 것입니다. 여기서 청년이란 나이와 상관없이 믿는 성도 전부를 말합니다. 일반적으로 청년은 강한 힘을 상징합니다. 따라서 믿는 우리 모두는 영적인 청년으로서 사탄과 관계에서 죄와 싸워 이길 수 있다는 것을 암시합니다. 신자는 죄만 보면 뒤로 물러서고, 죄가 시키는 대로 하는 패배적 모습과 자세를 버려야 합니다. 요한일서 5장 4-5절은 신자가 죄를 이기는 것을 강조합니다.

"무릇 하나님께로부터 난 자마다 세상을 이기느니라 세상을 이기는 승리는 이것이니 우리의 믿음이니라 예수께서 하나님의 아들이심을 믿는 자가 아니면 세상을 이기는 자가 누구냐"(요일 5:4-5).

여기서 '하나님께로 난 자'는 중생한 모든 신자를 가리킵니다. 중요한 사실은 중생한 자만 예수님을 믿을 수 있다는 것입니다. 먼저 중생해야 그 결과로 예수를 믿는 것이 가능하기 때문입니다

(요 1:12-13). 본문은 이렇게 중생(거듭남)의 결과로 예수님을 믿는 자마다 세상을 이긴다고 말씀하는 것입니다. '이길 것이다'가 아니라, '이미 이겼다'라고 역설합니다. 어쩌다 한번 우연히 이긴 것이 아니라, 이 이김의 결과로 지속적으로 이기는 것을 뜻합니다.

신자는 이기게 되어 있지 지게 되어 있지 않습니다. 사탄과의 영적인 싸움에서 신자가 사탄을 공격하는 것이지 신자의 공동체인 교회가 사탄의 공격을 받는 것이 결코 아닙니다. 각 신자가 이 생각을 가져야 패배 의식에서 자유를 얻을 수 있습니다.

공격하는 적군이 성을 함락시키려면 적의 성문을 열어야 합니다. 큰 연필처럼 생긴 성문 파괴용 무기(공성망치)로 성문을 계속 강타하면 성문이 부서지고 성문이 열려 마침내 성은 함락됩니다. 마태복음 16장에 이와 같은 이미지가 등장합니다.

"내가 이 반석 위에 내 교회를 세우리니 음부의 권세가 이기지 못하리라"(16:18).

여기서 '음부의 권세'는 헬라어로 사탄 나라의 대문을 의미합니다. 그렇다면 누가 사탄 나라의 대문을 공격하는 것입니까? 바로 예수님을 하나님의 아들 그리스도로 고백하는 교회입니다. 교회가 복음의 무기로 사탄 나라의 대문을 공격하면 사탄 나라의 세력은 무너지게 됩니다. 그러면 그곳에 인질로 사로잡혀 있던 사람들이 예수께 돌아오게 됩니다. 예수를 믿지 않던 배우자, 가족,

친척, 친구, 이방 백성이 예수께 돌아오게 되는 것입니다. 따라서 신자와 교회는 결코 패배하는 존재가 아니라 승리하는 존재입니다. 신자는 이 사실을 명심해야 합니다.

믿음이 승리하는
첫째 비결이다

―

"무릇 하나님께로부터 난 자마다 세상을 이기느니라"(요일 5:4)라
는 말씀에서 '세상을 이기느니라'는 표현은 원문에 '세상을 이긴
이김은 이것이니 우리의 믿음이니라'라고 되어 있습니다. 즉, 우
리의 힘으로 이긴 것이 아니라 믿음으로 이긴 것입니다. 그렇다
면 우리가 무엇을 어떻게 믿을 때 이길 수 있습니까? 저자는 5절
에서 "예수께서 하나님의 아들이심을 믿는 자가 아니면 세상을
이기는 자가 누구냐"라고 질문합니다. 우리가 예수님을 믿을 때,
우리가 믿는 예수께서 이겨주시는 것입니다.

믿음의 대상이신 예수님은 십자가에서 승리하셨고 부활로 말
미암아 사탄에 대한 승리를 확증하셨습니다. 그뿐 아니라 죄와

허물로 죽었던 우리를 거듭나게 함으로 그의 부활 생명을 주셨습니다. 그래서 신자는 사탄과 싸움에서 지는 자가 아니라 믿음으로 계속 승리하게 되는 것입니다. 단지 세상을 이기는 정도가 아니라, 예수님과 함께 세상을 지배하고 다스리게 되는 것입니다.

사탄은 어떤 상황에서도 신자를 해하거나 치명적인 상처를 입힐 수 없습니다. 요한일서 5장 18절은 "하나님께로부터 난 자는 다 범죄하지 아니하는 줄을 우리가 아노라 하나님께로부터 나신 자가 그를 지키시매 악한 자가 그를 만지지도 못하느니라"라고 밝히고 있습니다. 여기서 '하나님께로부터 난 자'는 성육신하신 예수 그리스도를 가리킵니다. 성육신하신 그리스도께서 중생하여 믿는 신자를 지키시기 때문에 악한 자가 만지지도 못합니다. '만지지도 못한다'는 것은 손끝도 못 댄다는 말이 아니라 '해를 입히지 못한다'라는 뜻입니다. 따라서 우리는 사탄을 두려워해서는 안 됩니다. 우리가 믿음의 눈으로 보면 사탄은 이미 결정적으로 패배하여 회복 불가능한 존재일 뿐입니다. 만일 이것을 볼 수 있는 믿음의 눈이 없다면, 사탄의 유혹은 우리에게 매우 위협적일 수밖에 없습니다.

그렇다고 예수께서 우리가 예수님을 믿는 첫째 날부터 우리를 대신하여 이기셨고, 이기고 계시고, 이길 것이기 때문에, 우리의 힘과 지혜로 사탄과 맞서야겠다고 하면 큰코 다칩니다. 왜냐하면 사탄과의 싸움은 내가 이기는 것이 아니라, 부활하신 예수님이 우리를 위해 이겨주시는 것이기 때문입니다.

다만 예수님은 우리의 믿음이 없이는 우리를 위해 이겨주지 않으심을 명심해야 합니다. 그러므로 근본적으로 신자는 사탄을 이긴 자이며, 사탄을 영적인 전투에서 이기게 하는 분은 부활하신 예수님이고, 예수께서 우리로 이기게 하는 방편이 믿음임을 잊어서는 안 될 것입니다.

PART 3

29

성경으로 무장해야
진정한 무장이다

본문 14절은 또 다른 승리의 비결로 말씀의 무장을 말씀합니다. 이것은 신자가 믿음으로 하나님의 말씀을 받아들여 말씀으로 자신을 무장함을 의미합니다.

"청년들아 내가 너희에게 쓴 것은 너희가 강하고 하나님의 말씀이 너희 안에 거하시며 너희가 흉악한 자를 이기었음이라"(요일 2:14).

이 말씀에서 '너희가 강하고'란 예전에는 약했으나 지금은 강하게 되어 이기게 되었음을 말합니다. 그렇다면 무엇이 믿는 자를 이토록 강하게 하였습니까? 하나님의 말씀으로 무장했기 때문입니다. 신자는 오직 하나님의 말씀으로 무장할 때 사탄과 싸움에서 승리할 수 있습니다. 돈으로 무장했다 하더라도 사탄과 싸워 이길 수 없습니다. 사탄은 우리보다 돈이 더 많기 때문입니다. 세상 지혜로 무장됐다 하더라도 이길 수 없습니다. 사탄이 우리보다 똑똑하기 때문입니다. 신자는 하나님의 말씀으로 무장될 때만 사탄과 싸워 이길 수 있습니다.

저자는 요한복음에서 "말씀이 육신이 되어 우리 가운데 거하시매 우리가 그의 영광을 보니 아버지의 독생자의 영광이요 은혜와 진리가 충만하더라"(요 1:14)라고 하셨습니다. 요한일서에서는 "태초부터 있는 생명의 말씀에 관하여는"(요일 1:1)라고 말씀하고 있습니다. 여기서 '생명의 말씀'은 예수님을 가리킵니다. 기억할 것은 태초부터 계신 예수께서는 처음에도 말씀이셨고(요 1:1-3), 그 말씀이 육신이 되어 우리 가운데 거하실 때도 변함없이 말씀이라는 사실입니다.

그렇다면 신자는 어떤 자입니까? 신자는 하나님의 말씀을 받아들이고 그의 말씀이 자기 안에 거하는 자입니다. 요한일서 1장 8절은 "만일 우리가 죄가 없다고 말하면 스스로 속이고 또 진리가 우리 속에 있지 아니할 것이요"라고 말씀합니다. 진리의 말씀이 우리 마음속에 거하면, 진리의 말씀이 우리 눈을 열어주어 죄를 깨닫고 이 죄를 주님 앞에 고백하게 됩니다. 이렇게 죄를 고백할 때 십자가의 피로 깨끗해집니다. 그러나 마음속에 진리의 말씀이 거하지 않으면 죄를 부인하게 됩니다.

또한 요한일서 2장 4절은 "그를 아노라 하고 그의 계명을 지키지 아니하는 자는 거짓말하는 자요 진리가 그 속에 있지 아니하되"라고 합니다. 이 말씀에서 '거짓말'이란 그를 안다고 하는 것입니다. 결국 하나님의 진리가 그 속에 없어 그렇게 거짓말을 하게 되는 것입니다. 이렇듯이, 하나님의 말씀을 받아들이느냐 받아들이지 않느냐가 진짜 신자와 가짜 신자를 구별하는 역할을 합니다.

30

믿음의 출발은
하나님의 말씀을 받는 것이다

—

하나님의 말씀을 아멘으로 받아들이는 것이 예수님을 믿는 믿음의 출발입니다. 그러나 아멘으로 말씀을 받아들이는 것으로 끝나지 않습니다. '아멘' 한 후 이 말씀이 마음의 중심에 들어와 거해야 합니다.

요한일서 2장 24절에서 "너희는 처음부터 들은 것을 너희 안에 거하게 하라 처음부터 들은 것이 너희 안에 거하면 너희가 아들과 아버지 안에 거하리라"라고 말씀합니다. 이 말씀은 너희가 처음부터 들은 복음, 곧 이단자들에 의해 각색되지 않고 수정되지 않은, 들은 그대로의 진리의 말씀이 너희 안에 거하면, 너희가 아들과 아버지 안에 거한다고 말합니다. 이 말씀은 굉장히 중요합니다. 그래야 우리 마음이 하나님 말씀이 거하는 집이 되기 때문입니다.

신자의 마음이 하나님 말씀의 집 주소가 됩니다. 요한복음 15장 7절은 "너희가 내 안에 거하고 내 말이 너희 안에 거하면 무엇이든지 원하는 대로 구하라 그리하면 이루리라"고 말씀합니다. 이 말씀은 하나님의 말씀이 신자의 마음 중심에 거하는 것을 말합니다. 마음의 중심에 하나님의 말씀이 있을 때만 우리가 강해질 수 있다는 것을 뜻합니다. 말씀이 머리에만 있으면 교만해집니다. 그러면 말씀으로 사람을 판단하고 정죄할 뿐입니다. 머리에 있는 성경 지식에 관한 한, 사탄만큼 많은 자는 없습니다.

사도 요한이 요한복음 8장에서 하나님의 말씀을 수용하느냐 거부하느냐에 따라 진짜 신자와 가짜 신자가 가려진다고 말씀합니다. 이 말씀은 대수롭게 여겨선 안 될 중요한 내용을 담고 있습니다. 요한복음 8장 30-32절에는 "이 말씀을 하시매 많은 사람이 믿더라 그러므로 예수께서 자기를 믿은 유대인들에게 이르시되 너희가 내 말에 거하면 참으로 내 제자가 되고 진리를 알지니 진리가 너희를 자유롭게 하리라"라고 기록되어 있습니다.

예수께서는 36절에서 "그러므로 아들이 너희를 자유롭게 하면 너희가 참으로 자유로우리라"라고 하셨습니다. 예수께서 이 말씀을 하실 때 많은 사람이 믿었습니다(30절). 이어서 예수께서 그를 믿은 많은 사람에게 이 말씀을 하셨다고 저자는 밝히고 있습니다(31절). 그런데 그들은 처음에는 예수님을 믿는 것 같았으나, 예수님과 계속 대화를 하다 보니 나중에는 가짜로 판명이 난 것입니다. 가짜로 판명된 이유는 "나도 너희가 아브라함의 자손인 줄 아노라 그러나 내 말이 너희 안에 있을 곳이 없으므로 나를 죽이려 하는도다"(37절)라는 말씀에 나옵니다. 여기서 예수님을 죽이려 했던 자는 30-31절에 언급된 예수님을 믿은 사람들입니다. 그들은 처음에 예수님의 말씀을 '아멘' 하고 받아들였는데, 그의 말씀이 더 깊이 있게 그들 속에 들어오려 하자 거부하게 되었습니다. 그래서 예수님은 43절에서 계속해서 "어찌하여 내 말을 깨닫지 못하느냐 이는 내 말을 들을 줄 알지 못함이로다"라고 밝힌 것입니다.

사람들은 하나님의 말씀을 피상적으로 들을 때는 듣는 것처럼 행동하다가, 그 말씀의 구체적인 내용이 자신을 도전하여 희생과 회개의 자기포기를 요구할 때는 바로 거절합니다. 이것이 사람들의 일반적인 행동입니다. 그렇지만 하나님의 말씀이 요구하는 희생과 자기포기를 거절하는 행동은 결코 믿음의 행위라고 할 수 없습니다.

어느 교회나 믿음은 없는데 자신은 믿는다고 착각하는 신자가 있을 수 있습니다. 저 자신뿐 아니라 누구도 그렇게 될 수 있습니다. 그래서 각 신자는 자신이 진짜 믿는 것인지 아니면 믿는 것처럼 보이는 것인지, 지속적으로 진지하게 신앙을 점검해야 합니다 (고후 13:5). 예수께서는 요한복음 8장 47절에서 "하나님께 속한 자는 하나님의 말씀을 듣나니 너희가 듣지 아니함은 하나님께 속하지 아니하였음이로다"라고 선언하셨습니다.

31

하나님의
말씀을 먹는 자가 되라

제가 예전에 주일학교 교사였을 때 본 그림책을 아직도 생생하게 기억합니다. 병에 걸려 피골이 상접한 어른 앞에 맛있는 음식이 놓여 있습니다. 그런데 그가 음식을 보더니 괴로워하며 "이 음식 먹기 싫어"라고 말합니다. 그 그림 밑에 "병든 사람은 어떤 음식도 싫어한다"라고 쓰여 있었습니다. 그렇습니다. 이와 비슷하게 영적으로 병든 사람은 하나님의 말씀 먹기를 싫어합니다. 건강한 사람은 하나님의 말씀을 하나도 놓치지 않고 듣고 깨닫고 기도하며 실천하려고 합니다. 하지만 영적으로 건강하지 않은 사람은 아예 말씀의 현장에 나오지 않습니다. 그리고 '나 혼자 하나님의 말씀 밥 해먹을 수 있어'라고 착각합니다.

복음의 진리가 주는 '죄로부터의 자유'를 얻기 위해서는 하나님의 말씀이 우리 안에 거하는 단계까지 나아가야 한다고 예수님께서 말씀하십니다. 하나님의 말씀이 우리 안에 거하는 단계까지 가기 전에 우리는 결코 사탄과 죄와 정욕과 싸워 이길 수 없습니다. 원리적으로 보면 예수님의 십자가 승리에 의해 이기는 것이 표준입니다. 이것이 복음의 위대한 힘입니다. 마치 뷔페에서 먹음직스런 음식을 앞에 두고 냄새만 맡고서 좋아하고, 정작 실제로 먹지 않으면 음식이 주는 영양분을 결코 얻을 수 없는 것과 같습니다. 이처럼 말씀의 음식을 보기만 할 뿐 먹지 않는 사람은 사탄과 죄와 싸워 이길 수 없습니다.

하나님의 말씀도 마찬가지입니다. 하나님의 말씀을 듣고 보았지만 먹지 않으면, 하나님의 말씀을 먹었지만 아직 영적인 되새김질을 통해 소화시키지 못하면, 하나님의 말씀을 듣거나 읽은 것으로 끝나고 그 말씀을 작은 소리로 옹알거리고 묵상하고 기도하지 않으면, 말씀을 듣거나 읽을 때뿐이고 그 후로는 깜깜무소식이 됩니다. 이렇게 되면 하나님의 말씀은 실제로 듣거나 읽는 자에게 아무런 영적 양식과 힘이 되지 못합니다. 사탄은 이렇게 피상적으로 성경을 읽고 하나님의 말씀을 들으라고 속삭입니다.

우리는 하나님의 말씀과 피상적이고 형식적인 관계를 버려야 합니다. 단순히 '설교 들어라', '성경을 읽어라'라고 요구하는 말이 아닙니다. 성경듣기, 큰소리로 성경읽기, 성경쓰기, 그리고 묵상하고 기도하는 것을 모두 전제하고 하는 말씀입니다. 이 모든 것이 전제되어야 하나님의 말씀이 마음에 들어와 거하는 것이 가능하게 됩니다. 하나님의 말씀이 내 생각, 감정, 가치관이 되고, 내 손과 발과 눈과 의지, 곧 내 전부가 되어야 한다는 것입니다. 이것이 이루어질 때 우리는 강해져서 악하고 흉악한 자를 이기는 청년이 되는 것입니다.

32

온전한 사람은
성경이 만든다

하나님의 말씀인 성경의 목적과 교회의 목적은 동일합니다. 하나님의 사람으로 하여금 하나님의 말씀 곧 성경의 교훈을 통해 성령으로 태어나, 그 양식을 먹고 자람으로 온전한 사람으로 빚어지게 하는 것입니다(딤후 3:16-17). 이렇게 말씀으로 형성되는 사람은 예수 그리스도의 장성한 분량에 충만한 데까지 자라갑니다(엡 4:13). 성경이 사람을 온전하게 만드는 것처럼, 교회도 온전한 사람을 만들기 위해 성경을 가르칩니다.

신자의 신앙이 어떻게 출발합니까? 복음의 말씀을 듣고 성령의 역사로 거듭나 예수님을 믿기 시작하는 것입니다. 그리고 이때 마음 밖에 있었던 하나님 말씀의 핵심이 성령의 역사로 신자의 마음 판에 기록됩니다. 이러한 역사와 관련하여 야고보서 1장 21절은 "그러므로 모든 더러운 것과 넘치는 악을 내버리고 너희 영혼을 능히 구원할 바 마음에 심어진 말씀을 온유함으로 받으라"고 말씀합니다. 더 정확하게 말하면 하나님의 말씀이 마음에 심겨졌다는 것입니다.

하나님의 말씀이 처음으로 마음에 심겨진 때는 성령께서 복음의 말씀으로 죄와 허물로 죽었던 자의 영을 살려 예수 믿게 할 때입니다(요 3:6; 6:63). 중생할 때 마음에 처음 심겨진 하나님의 말씀은 축소판 성경입니다. 신자는 하나님의 말씀을 먹고 또 먹음으로, 이 말씀을 확대와 확장과 확산의 과정을 거쳐 심화시켜야 합니다. 그렇게 되기 위해서는 매일 우유나 스낵 수준으로 말씀을 먹는 상태에 머물러서는 결코 안 됩니다. 히브리서 기자는 "때가 오래 되었으므로 너희가 마땅히 선생이 되었을 터인데 너희가 다시 하나님의 말씀의 초보에 대하여 누구에게서 가르침을 받아야 할 처지이니 단단한 음식은 못 먹고 젖이나 먹어야 할 자가 되었도다 이는 젖을 먹는 자마다 어린 아이니 의의 말씀을 경험하지 못한 자요"라고 독자들을 질책했습니다(히 5:12-13).

사람은 태어나면 젖을 먹어야 합니다. 사도 베드로는 "갓 태어난 아기처럼 젖을 사모하라"고 권고합니다(벧전 2:1-2). 그러나 계속 젖만 먹으면 성장이 안 됩니다. 신앙생활을 오래 하면 할수록,

예수님의 온전한 형상으로 잘 빚어질 수 있도록 하는 말씀의 고단백질과 고탄수화물을 다양하게 받아들여야 합니다.

그러나 많은 교회들이 교인들의 영적 성숙을 위해 말씀을 다양하게, 깊이 있게 가르치지 못했습니다. 성숙하게 하는 말씀을 가르치지 못한 데는 목사의 책임이 큽니다. 보통 "예수 믿으면 지옥 대신 천국 가고, 이제 우리의 미래가 보장되어 있습니다. 그러니까 우리 모두 교회에서 봉사 열심히 하고 전도합시다"라는 식으로, 마치 구원이 다 완성된 것처럼 교인들에게 가르치는 경향이 있습니다. 그 결과 성도들은 일반적으로 구원의 내용에 대해 자세히 알지 못합니다. 신앙의 성장과 성숙을 위해 무엇을 더 추구해야 하는지 분별하지 못하게 되는 것입니다. 그래서 교회를 오랫동안 다녀도 예수님을 닮지 못하는 것입니다. 따라서 예수님을 알고, 하나님께 기도하고, 예수님처럼 되기 위해서는 성경 말씀이 필요합니다.

우리가 사람을 알고 또 알고, 사귀고 또 사귀면 우리 안에 어떤 욕망이 일어납니다. 고상한 사람과 사귀면 고상해지고 싶은 열망이 일어납니다. 진실한 사람과 사귀면 "내가 가볍구나" 하고 반성하고 진실하게 되길 원합니다. 상대적인 인간을 만나도 그러한데, 온전한 사람이며 참 하나님이신 예수 그리스도를 만나게 되었을 때는 그 욕망이 증폭됩니다. 왜냐하면 우리 안에 계신 성령

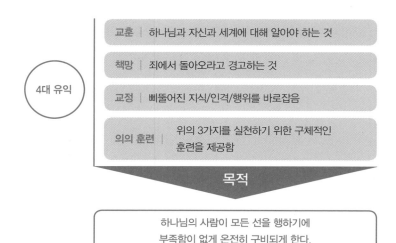

께서 "지금 네 속에 일어나는 이 욕망은 예수님이 너에게 주신 거야. 예수께서 너를 위해서 네 밖에서 하신 일을 나(성령)는 네 안에서 너를 위해서 하고 있어"라고 말씀하시고 역사하시기 때문입니다. 이렇게 예수님을 알고 체험하는 것은 기록된 말씀과 성령의 역사를 통해서 이뤄집니다.

성경의 말씀을 통해서 예수 체험이 이뤄진다고 했을 때, 깊이 생각해야 될 부분은 '성경이 어떻게 신자를 온전하게 만드느냐'입니다. 이에 대하여 디모데후서 3장 16-17절은 "모든 성경은 하나님의 감동으로 된 것으로 교훈과 책망과 바르게 함과 의로 교육하기에 유익하니 이는 하나님의 사람으로 온전하게 하며 모든 선한 일을 행할 능력을 갖추게 하려 함이라"라고 대답합니다. 이 말씀의 시대적인 배경은 디모데후서 3장 1절에 언급된 '말세에 고통하는 때'입니다. 2-5절은 말세에 고통하는 때의 구체적인 내용에 대하여 말씀합니다.

"사람들이 자기를 사랑하며 돈을 사랑하며 자랑하며 교만하며 비방하며 부모를 거역하며 감사하지 아니하며 거룩하지 아니하며 무정하며 원통함을 풀지 아니하며 모함하며 절제하지 못하며 사나우며 선한 것을 좋아하지 아니하며 배신하며 조급하며 자만하며 쾌락 사랑하기를 하나님 사랑하는 것보다 더하며 경건의 모양은 있으나 경건의 능력은 부인하는 자니 이 같은 자들에게서 네가 돌아서라"(딤후 3:2-5).

2-5절에 열거된 말세에 있을 고통의 핵심은 인격과 인간성의 심각한 파괴입니다. 이럴 때 경제적 고통과 사회적 고통도 있겠지만, 그보다 사람들의 인격과 자아가 심각하게 무너지는 것이 문제의 큰 특징입니다. 자아가 병이 들면서 다른 사람과 관계가 파괴되고, 더 근본적으로는 하나님과의 관계가 파괴됩니다. 그런데 5절의 말씀 "경건의 모양은 있으나 경건의 능력은 부인하는 자니 이 같은 자들에게서 네가 돌아서라"에서 보듯이, 이 문제는

예수 안 믿는 사람들뿐만 아니라 믿는 신자들에게도 해당됩니다.

성격이 잘못되고 인간관계가 잘못되는 인격의 파괴를 막을 수 있는 유일한 대안은 성령 하나님이 영감으로 주신 성경 말씀입니다. 하나님께서 주신 성경은 하나님 자신에 대한 모습을 유일하게 문서화 혹은 형상화한 것입니다. 이 성경의 중심에는 예수 그리스도가 있습니다. 예수 그리스도는 하나님의 인격적인 말씀이자 육신을 입은 말씀이며, 또한 기록된 말씀의 중심에 있습니다. 성경 말씀은 하나님에 대해, 나에 대해, 사람에 대해, 그리고 사물에 대해 교훈합니다. 성경 말씀은 이 네 가지 훈련을 통해서 하나님을 알려주고 신자를 하나님의 사람으로 온전하게 만들어 갑니다. 성경 말씀은 네 가지에 대개 각각 그릇된 쪽으로 가면 안 된다고 책망합니다. 성경은 삐뚤어진 것은 말씀의 잣대로 세우고 맞추도록 교정합니다. 의의 훈련을 시킵니다. 신자가 성경의 교훈대로 형성되고 빚어지면 성경의 중심이신 예수님과 같이 되는 것은 당연합니다.

또한 17절에서 '하나님의 사람'이라는 표현에 주목할 필요가 있습니다. 이 문구는 구약의 선지자에게 빈번하게 사용되었습니다(신 33:1; 삿 13:6; 삼상 2:27; 9:6; 왕상 17:8; 왕하 4:7; 대상 8:14). 구약 시대에는 특정한 사람만 하나님의 사람, 곧 선지자가 된 것과 달리, 신약 시대에는 신자 모두에게 성령이 주어지므로 모든 신자가 하나님의 사람입니다. 하나님의 사람이 하나님께서 원하시는 모든 선한 것을 하기 위해서는 인격, 사상, 행위가 바르게 되는 것이 필요합니다. 이 일을 위한 유일한 대안이 하나님의 말씀인 성경입니다.

기도로
말씀과 하나가 된 사람

─

이번에는 성경 말씀과 동일하게 사람을 온전하게 하는 목적을 가진 교회에 대하여 생각해봅시다.

에베소서 4장 12-13절에서는 "이는 성도를 온전하게 하여 봉사의 일을 하게 하며 그리스도의 몸을 세우려 하심이라 우리가 다 하나님의 아들을 믿는 것과 아는 일에 하나가 되어 온전한 사람을 이루어 그리스도의 장성한 분량이 충만한 데까지 이르리니"라고 말씀합니다. 12절의 '성도를 온전케 하며'는 디모데후서 3장 17절의 '온전하게 하며'와 같은 어군(語群)에 속하는 단어입니다. 그러므로 하나님의 사람이 온전케 된다는 것은 그 사람이 성경대로 형성되고 빚어지고 만들어지는 것을 뜻합니다. 하나님의 말씀이 신자의 머리를 통해 가슴으로 내려와 신자의 전 인격을 형성하는 것입니다. 따라서 하나님의 말씀과 우리의 머리가 하나가 되어야 합니다. 하나님의 말씀과 우리 마음이 하나가 되어야 하는 것입니다. 또한 하나님의 말씀과 내 지체가 하나가 되어야 합니다. 머리에 하나님의 말씀이 머물러 있는 것만으로는 우리가 하나님의 말씀이 원하는 만큼 예수님의 모습을 닮았다고 할 수 없습니다.

제가 미국에서 공부할 때, 학교에서 차로 약 40분 정도 떨어져 있는 성서신학교(Biblical Seminary)에서 조직신학을 가르치는 목사님이 계셨습니다. 이분이 조직신학 교수이면서 목사이니 교회에서 성경공부를 얼마나 잘 가르쳤겠습니까? 그 분이 몇 년간 교인들에게 성경을 체계적으로 가르쳤습니다. 그런데 성경공부를 하면서부터 교회에 심각한 문제가 생겼다는 소문이 돌았습니다.

하나님의 말씀을 잘 가르쳤는데 왜 문제가 생겼는지 처음엔 이해하기 힘들었습니다. 알고 보니 이유는 다름 아니라, 성도들이 성경을 배우므로 머리만 계속 커지는 가분수가 되었고 정죄만 잘하는 자들이 되었기 때문입니다. 그들은 하나님의 말씀을 몸소 행하기보다, 오히려 성경 지식을 이용하여 다른 성도들을 정죄하고 판단했습니다. 그들은 판사가 법전을 대하듯 하나님의 말씀을 대했던 것입니다. 그 교회의 교수 목사님은 이런 문제를 깨닫고, 성경 말씀만 가르치는 것으로 끝내선 안 된다는 것을 확신하게 되었습니다.

단지 하나님의 말씀만 배우는 것으로는 충분하지 않습니다. 성경 교육이 성경 말씀을 머리에 박히도록 가르치는 단계에서 멈추면 반드시 부작용이 발생합니다. 성경공부의 결과로 교만하고 오만한 자가 만들어질 수 있는 것입니다.

교회들마다 제자훈련을 강조하지만 제자훈련 교제를 읽고 함께 토론하고 배우는 것으로 끝내면 교회에 골치 아픈 교만한 사람을 낳을 수 있습니다. 교만해지는 까닭은 교훈 받은 것만으로 만족하기 때문입니다. 따라서 하나님의 말씀을 가르치는 바로 그 현장에, 배워서 깨달은 말씀에 반응하여 울부짖는 기도의 씨름이 동시에 있어야 합니다. 그래야 성경을 가르친 결과로 교만한 신자가 발생하는 것을 막을 수 있습니다.

입으로 들어간 밥은 소화 과정을 거쳐 에너지로 전환되고 나머지는 배설됩니다. 먹은 음식은 반드시 식도를 거쳐 아래로 내려갑니다. 어떤 경우에도 음식이 머리로 올라가는 경우는 없습니다. 가슴을 지나 배 속의 창자, 곧 소화기관으로 내려가 여기서 생겨난 에너지가 몸의 각 부분 위아래로 공급이 됩니다.

마찬가지로 하나님의 말씀을 듣고 두뇌 기관에 기억하는 것만으로는 영혼과 사상에 양식이 되지 않습니다. 듣고 깨달은 말씀을 읊조리고 묵상하며 깊이 생각해야 합니다. 또한 하나님의 말씀을 강력하게 가르친 바로 그 현장, 그 시간에 배워서 깨달은 말씀을 가지고 진지하게 기도해야 합니다. 이것은 제가 오랫동안 총신대학교에서 말씀의 임상실험을 하면서 놀랍게 깨달은 원리입니다.

개인 성경 공부를 하든, 성경 말씀을 배우든, 사경회를 열든, 말씀과 함께 기도하는 시간은 절대적으로 필요합니다. 배운 말씀은 몸부림치는 기도가 되고, 이 기도가 더 깊은 하나님의 말씀으로 나가게 될 때, 우리는 성경 말씀이 의도하는 성숙한 사람으로 빚어지게 됩니다. 이런 과정이 반복적으로 진행될 때 신자는 사상과 인격과 행위에서 성숙해집니다.

제가 총신에서 오랫동안 가르친 과목 중에 '신약의 기도와 영성'이 있습니다. 3학점짜리인 이 과목의 특징은 제가 세 시간의 수업 중에서 두 시간은 이론 강의를 하고, 나머지 한 시간은 강의한 내용으로 학생들이 기도하는 것입니다. 수강하는 학생들이 실제로 한 강의실에서 동일한 기도 제목을 가지고 기도합니다.

학생들이 같이 기도할 때 저는 별도의 기도 제목을 주지 않고, 기도회를 인도하지도 않습니다. 다만 학생들과 함께 성령께서 인도하시는 대로 그날 공부한 말씀을 가지고 기도할 뿐입니다. 그런데 그 현장에 성령님의 역사가 강력하게 일어납니다.

약간 과장된 표현입니다만, 그 현장에 있던 수강생들이 이런 말을 자주 했습니다. "하나님이 주신 말씀을 가지고 부르짖고 간구하니 죄가 몸에서 떠나는 듯한 경험을 하거나 죄가 뽑혀 나가는 것같이 느껴진다"는 것입니다.

학생들은 이전에 아무리 성경 말씀을 들어도, 말씀을 듣는 것으로 다 되었다고 생각했습니다. 아무리 거룩해지려고 노력해봐야 죄의 몸으로 죽을 것이고, 주님이 재림하셔야 완성될 것이라고 생각할 뿐이었습니다. 말씀을 가지고 기도하는 데 신경 쓰지 않았습니다. 그런데 막상 깨달은 성경 말씀을 가지고 부르짖으니 성경에 대한 태도가 달라졌다고 고백했습니다.

따라서 먼저 깨달은 말씀이 머리와 하나가 되어야 하고, 그런 다음 기도를 통하여 머리와 가슴이 하나가 되면, 이제는 기도를 통해 말씀과 가슴이 하나가 되어야 합니다. 그러면 마침내 우리의 손과 발과 지체의 모든 활동이 자연스럽게 하나님의 말씀을 실천하게 되는 것입니다.

PART 3

34

씨 뿌리는 자
비유의 핵심의미

———

예수께서는 하나님의 말씀이 머리, 가슴, 손과 발의 활동과 하나가 되어야 하는 것을 알려주기 위하여 씨 뿌리는 자의 비유를 말씀하셨습니다. 씨 뿌리는 자의 비유는 마태복음 13장과 마가복음 4장과 누가복음 8장에 나옵니다. 공관복음의 세 기록은 이 비유의 교훈을 각각 다르게 강조합니다.

마태복음 13장은 처음부터 끝까지 머리를 강조합니다(19,23절). 길가밭은 하나님의 말씀을 전혀 깨닫지 못하는 것을, 돌짝밭은 자신의 욕심과 주관에 따라 하나님의 말씀을 깨닫는 것을, 가시밭은 하나님의 말씀의 가치를 세상 것들의 가치보다 못하게 깨닫는 것을, 옥토는 하나님의 말씀을 온전히 제대로 깨닫는 것을 각각 묘사합니다. 길가밭에서 옥토의 순으로, 말씀을 전혀 깨닫지 못한 데서 온전하고 적절하게 말씀을 깨닫는 것으로 나아갑니다.

이 비유는 오직 제대로 된 깨달음이 있어야 말씀의 열매가 맺어진다는 것을 강조합니다. 이것은 머리(지성)가 하나님의 말씀의 망치에 얻어맞아 생각이 깨지고 바뀌어야 한다는 것을 말씀합니다. 그런데 사탄은 말씀을 듣는 순간에 빼앗아 가거나, 제대로 깨닫지 못하게 하려고 방해공작을 펼칩니다. 하나님 나라의 말씀을 깨닫지 못하게 하기 위해 하나님의 입장이 아닌 자신의 주관적 욕망과 탐욕의 입장에서 하나님의 말씀을 듣게 합니다. 아니면 말씀을 듣고 깨달았다 하더라도, 하나님의 말씀 때문에 더 큰 가치를 지닌 것처럼 보이는 세상을 잃을 수 있다고 위협을 느끼게 합니다. 그래서 결국 하나님의 말씀을 포기하게 만듭니다.

마태복음이 말하는 30배, 60배, 100배의 열매 맺는 밭은 듣고 깨닫는 것을 말합니다. 마태복음의 씨 뿌리는 자의 비유는 듣고 제대로 온전하게 깨달은 말씀을 가지고 끝까지 살아가는 것을 중요하게 여깁니다. 말씀대로 끝까지 가지 못한다면 말씀을 제대로 깨달은 것도 아니고 그 가치를 아는 것도 아니므로, 결국 하나님 나라의 열매를 맺지 못하게 됩니다.

마가복음 4장은 마태복음 13장이 강조한 것과 다르게 말씀의 깨달음을 강조하지 않습니다. 그 대신 깨달은 말씀을 전심으로 받아들이는 것을 강조합니다(20절). 여기서 열매 맺는 사람은 하나님 나라의 말씀을 마음으로 받아들여 그 말씀과 마음이 하나가 된 사람입니다. 마음으로 말씀을 받아들인 사람에게선 마음속의 온갖 더러운 죄가 말씀의 능력에 의해 물러납니다.

사람은 말할 때 입에 가득한 것으로 말하는데, 입에 가득한 것은 마음에서 나옵니다(마 15:18 = 막 7:21-23). 그런데 하나님의 말씀이 마음에 들어오는 만큼 죄가 설 자리가 줄어듭니다. 하나님의 말씀이 마음에 머물러 있는 분량만큼 마음의 소원과 하나님의 소원이 하나가 되어 그 말씀의 방향으로 살아가려고 노력하게 됩니다. 이렇듯 하나님의 말씀은 온전한 깨달음을 통해 마음으로 수용되어, 마음의 내용이 되어야 하는 것입니다. 이 점을 마가는 씨 뿌리는 자의 비유에서 강조합니다.

누가복음 8장이 강조하는 것은 하나님의 말씀을 붙잡고 살아가는 행동입니다(8:15). 누가복음은 말씀을 들은 자가 이미 하나님의 말씀을 깨닫고 마음으로 받아들인 것을 전제합니다. 하나님 나라의 말씀을 받는 자는 이 말씀을 어떤 상황에서도 붙잡고 놓지 않습니다. 그가 하나님의 말씀을 이를 악물고 꽉 잡고 놓지 않는 이유가 무엇이겠습니까? 말씀의 절대적인 가치를 제대로 깨닫고 있기 때문입니다.

혹시 길가에 버려진 쓰레기를 보고 주워서 손에 꽉 쥐고 목숨 걸고 지킨 적이 있습니까? 저는 교회 안으로 들어올 때 마당을 살펴봅니다. 어떤 때는 행인이 교회 마당에서 담배를 피우고 버린 꽁초가 있습니다. 아이들이 버린 쓰레기도 있습니다. 저는 그런 쓰레기들을 보는 즉시 줍습니다. 하지만 쓰레기를 한 번도 손으로 꽉 잡아본 적은 없습니다. 떨어뜨리지 않을 정도만 살짝 잡고서 교회 현관에 들어오자마자 쓰레기통에 집어넣습니다. 하지만 십만 원짜리 수표 여러 장이나 지폐를 손끝으로 달랑달랑 들고 다녀본 적은 없습니다. 귀중한 것이므로 그렇게 들고 다니면 분실하거나 도난당할 위험이 있기 때문입니다. 사람은 가치 있고 소중한 것은 목숨을 걸고 지킵니다.

누가복음 8장에서 신자가 하나님의 말씀을 꽉 잡고 놓지 않은 것은 자기 인생에서 하나님의 말씀만큼 가치 있는 것이 없기 때문입니다. 하나님의 말씀만큼 인생에 유익을 줄 수 있는 것이 절대적으로 없다는 것을 알기 때문에 말씀을 놓지 않는 것입니다. 영적 전쟁에서 하나님의 말씀을 포기하는 것은 유일하게 강력한 무기를 포기하는 것이기에 더더욱 그렇게 할 수밖에 없습니다.

비유에 숨겨진
영적 전쟁의 비밀

씨 뿌리는 자의 비유를 언급한 것은 이 비유 속에 영적인 전쟁에서 죄와 싸워 이기는 청년의 이미지가 들어 있기 때문입니다. 씨 뿌리는 자의 비유는 처음부터 끝까지 하나님 나라와 사탄 나라 사이의 전쟁에 대한 놀라운 비밀을 담고 있습니다.

사탄 나라는 아담과 하와가 선악과를 따먹음으로 하나님의 말씀을 어기면서부터 이 세상에 세워졌습니다. 아담이 다스렸던 세상의 나라가 사탄 자신의 나라가 되었으므로, 언제나 어디서나 모든 사람은 태어나는 즉시 사탄의 백성이 됩니다. 세상에 하나님의 말씀을 배척하는 사람이 많으면 많을수록 사탄의 나라는 견고하고 온전하며 영원히 세워집니다.

사탄 나라와 관련하여 놀라운 점은 아담의 타락부터 예수님이 오시기까지 사탄의 정권이 한 번도 바뀐 적이 없다는 것입니다. 사탄은 영적 존재이기 때문에 자식에게 대를 이어 물려주는 것이 없습니다. 또한 사탄 나라에는 한 번도 귀신들이 단합해서 대장 사탄을 대항한 적도 없습니다. 사탄 나라의 세력은 고대의 바벨론 문명, 이집트 문명, 메소포타미아 문명과 기타 고대 문명의 역사보다 수명이 길었습니다. 하나님 말씀이 없는 곳에는 때와 장소를 불문하고 사탄의 나라가 어디에나 세워져 있기 때문입니다.

그런데 예수님이 오셔서 "하나님 나라가 가까웠느니라"라고 선포하셨습니다(마 4:17). 예수께서는 하나님의 말씀을 선포하고 그 말씀으로 귀신을 쫓아내고 병을 고치시고(마 8:16), 사람들을 사탄의 나라에서 건져내어 하나님의 자녀로 회복시키는 구원의 사역을 하셨습니다. 그 결과 여기저기서 사탄의 나라가 무너지게 되었습니다(마 12:28; 눅 11:20). 사탄이 보니 자기 나라를 무너뜨리고 있는 예수님의 무기는 하나밖에 없습니다. 바로 하나님 나라의 말씀이었습니다. 예수께서는 하나님 나라 편에 서서 하나님의 말씀으로 사탄 나라를 공격하고 무너트리고 계셨습니다.

사탄이 예수님의 입에서 나오는 하나님의 말씀 때문에 자기 나라가 무너지니 어떻게 하겠습니까? 사탄은 하나님의 말씀이 하나님의 자녀들에게 영향을 끼치지 못하게 하려고 수단과 방법을 가리지 않고 방해공작을 펼칠 것입니다. 그래서 사탄은 하나님의 말씀을 듣지 못하게 합니다. 하나님의 말씀을 가까이하지 못하게 합니다. 하나님의 말씀을 들어도 이해하지 못하게 방해합니다. 하나님의 말씀을 이해하려고 해도 그것을 주관적이고 이기적으로 이해하도록 합니다. 하나님의 말씀을 이해한다 할지라도 조금만 이해하게 만듭니다. 말씀을 이해했다 할지라도 가슴으로 온전히 받아들이지 못하게 합니다. 설사 하나님의 말씀을 가슴으로 받아들였다 할지라도 그것을 실천하지 못하게 합니다.

이렇게 예수께서 하시는 말씀의 무기에 타격받아 패하고 있는 사탄 나라는 저돌적으로 하나님의 말씀 빼앗기 작전을 합니다. 반면 말씀의 가치를 알고 있는 제자들은 사탄이 목숨 걸고 빼앗아 가려는 하나님의 말씀을 빼앗기지 않으려고 몸부림칩니다. 곰곰이 생각해 볼 때, 하나님 나라와 사탄 나라의 영적 전쟁과 관련해서 씨 뿌리는 자의 비유만큼 신자가 하나님의 말씀으로 온전하게 무장돼야 할 필요성을 강력하게 교훈하는 것은 없습니다.

36

하나님의 말씀 때문에
패배하는 사탄

——

씨 뿌리는 자의 비유 안에는 하나님 나라의 비밀이 들어 있습니다. 씨 뿌리는 자의 비유에 들어 있는 하나님 나라 비밀의 관점에서 복음서 전체를 이렇게 설명할 수 있습니다.

사탄은 예수님에 의해 사람들에게서 추방된 귀신들로부터 계속 보고를 받습니다. 보고 내용은 사탄의 나라가 예수님에 의해 무너지고 있다는 것입니다. 예수께서 광야 시험에서 사탄과 싸워 이기기 시작한 이후 사탄에게 계속해서 들려오는 소식은 모두 좋지 않습니다. 자신의 나라가 패배하고 있다는 소식이기 때문입니다. 예수님에 의해 귀신들이 지배하고 다스리고 있던 사람들에게 쫓겨나고, 그들이 통치하고 있던 영역을 빼앗기고, 귀신들은 백수가 되는 심각한 사태가 일어나고 있다는 보고를 계속 받은 것입니다. 가버나움 회당에서 쫓겨난 귀신(눅 4:35), 베드로의 장모집에서 쫓겨난 귀신(4:41), 막달라 마리아에게서 쫓겨난 일곱 귀신(8:2), 거라사인에게 들어가 있던 육천 마리 군대 귀신(8:30)입니다. 그렇게 쫓겨난 귀신들이 하는 보고는 "사탄이여, 당신 나라의 전선이 무너졌습니다. 하나님의 나라가 쳐들어오고 있습니다. 이를 어찌하면 좋습니까?"였습니다.

귀신들의 연속적인 패배 보고를 듣고 당황한 사탄은 귀신들에게 소집 명령을 내립니다.

"갈릴리를 비롯하여 이스라엘 전 지역에서 자기들이 지배하던 영토를 빼앗겨 할 일이 없어진 귀신들은 정한 일시와 장소에 모여라!"

마귀와 귀신은 영적 존재이므로 공간이 필요 없으나, 이해를 돕기 위해 강남 코엑스나 일산의 킨텍스 같은 장소에서 일만 마리 귀신을 모아놓고 사탄이 대책회의를 주재했다고 가정합시다.

"이 녀석들아, 내 나라가 예수 때문에 무너지고 있는데 너희들이 지금 제정신이냐? 너희들 가운데 제일 먼저 나사렛 예수께 패배당해 쫓겨난 녀석이 누구냐? 나와 봐라!"

귀신 중에 하나가 떨면서 "저요"라고 대답했습니다. 그러자 사탄이 묻습니다.

"너는 어디 소속이냐?"

"예, 가버나움 회당 소속입니다."

"네 이놈, 어쩌다 이 지경이 되었느냐?"

"예수가 그의 사역을 시작하면서 안식일에 제가 관리하는 가버나움 회당에 들어와 하나님의 말씀을 선포했습니다. 그가 하나님의 말씀을 얼마나 권위있고 능력있게 가르치던지 사람들의 눈이 모두 휘둥그레해져서 '능력 있고 권세 있는 말씀이다'(눅 4:32; 막 1:22) 하며 놀랐습니다. 그래서 저는 예수가 저를 주목하지 못하는 줄 알았고 아무 일이 없을 줄 예상했습니다. 그런데 사람들에게 환영받던 예수가 저를 째려보더니 '너 이놈, 그 사람에게서 나가!'라고 외쳤습니다(막 1:25). 그래서 그의 입에서 나오는 위엄 있는 하나님 말씀 때문에 제가 그만 1호로 축출당한 귀신이 되었습니다."

사탄이 그 귀신의 말을 들어보니 기가 막혔습니다. 그런 다음 가만히 둘러보니 회의장 한 곳에는 일곱 귀신이 모여 있습니다. 사탄이 그들에게 외쳤습니다.

"야, 너희 일곱 귀신들아, 너희 소속은 어디냐?"

그들은 "마가단입니다"라고 답했습니다. 마가단은 막달라 마리아의 고향입니다(눅 8:2). 사탄이 그들에게 묻습니다.

"너희들은 거기서 무엇을 했느냐?"

"우리는 마가단의 한 여인 속에 들어가 그 여인의 인생을 망쳐놓았습니다."

사탄이 다시 묻습니다.

"그런데 어떻게 되었느냐?"

"우리는 무기력하게도 예수가 선포하는 하나님의 말씀에 의해 그만 막달라 마리아에게서 쫓겨났습니다(눅 8:2)."

사탄이 이번에는 6천 마리의 귀신들이 군대처럼 대책회의장 절반을 차지하고 질서정연하게 앉아 있는 걸 보았습니다. 사탄이 호령했습니다.

"너희의 총 책임자가 누구냐?"

그러자 그들 중에서 대장이 나왔습니다. 사탄이 물었습니다.

"너희들은 어디 소속이냐?"

대장이 "거라사 소속입니다"라고 답했습니다. 사탄이 다시 묻습니다.

"너희들은 거라사에서 무얼 했느냐?"

그러자 대장이 말했습니다.

"우리는 어떤 한 사람 속에 들어가 그 인생을 완전히 비참하게 만들었습니다. 우리는 그를 도시에서 몰아내 산에 있는 무덤 집에서 벌거벗고 살게 했습니다(눅 8:27)."

사탄이 그 말을 듣고 "그런데 너희는 어떻게 됐느냐?" 하고 심문했습니다. 대장이 답했습니다.

"우리가 집요하게 그 지역과 그 사람을 철통같이 지키고 다스리고 있었는데, 예수가 풍랑의 위엄을 무릅쓰고 바다를 건너와 우리의 영토로 침입했습니다. 그리고는 인정사정없이 하나님의 권세 있는 말씀으로 그 사람에게서 나가라고 호통을 쳐서 우리가 힘 한번 못 쓰고 쫓겨났습니다. 그렇지만 사탄 총사령관님, 걱정하지 마세요. 저희들이 무조건 패한 것은 아니고 돼지떼 속에 들어가 돼지들을 죽여서 동네 사람들을 분노케 했습니다. 그 결과 분노한 동네 사람들이 예수를 결사반대하게 하여 우리의 관할 지역에 하나님 나라가 임하는 것을 막았습니다. 우리 지역의 단 한 사람에게만 하나님의 나라가 임했고, 나머지 사람들은 아직도 당신의 나라에 속해 있습니다. 그들 가운데 당신의 나라는 견고합니다. 걱정마세요. 우리가 무기력하게 완전히 패배한 것만은 아니고, 나중에 결정적으로 이기기 위해 전략적으로 패배한 겁니다."

복음서에 나오는 귀신축출 사건을 요약한 위의 가상적인 대화 속에는 사탄의 나라가 망하는 동일한 이유가 담겨 있습니다. 바로 예수님의 입에서 나오는 하나님의 말씀입니다. 말씀 때문에 사탄의 나라가 망하는 것입니다.

예수께서 하시는 하나님의 말씀으로 사탄 나라가 망하고 무너지게 됩니다. 사탄의 휘하에 있던 사람들이 그의 결박에서 풀려

나 자유를 얻게 됩니다. 그들의 눈이 열리고 귀가 열리고 구원의 은혜를 체험하게 됩니다. 그 자리에 하나님의 나라가 임합니다.

결국 사탄은 귀신들에게 전략을 세울 것을 요청했습니다. 귀신들이 내놓는 대안은 간단했습니다. 하나님의 말씀을 무력화시키는 것입니다. 사람에게서 하나님의 말씀을 빼앗아 가는 것입니다. 그러자 사탄은 "내 나라 안에 있는 모든 보물과 보화, 사용할 수 있는 모든 자원과 방법을 다 동원하여 이 동네 저 동네, 이 사람 저 사람에게 가서 하나님의 말씀을 빼앗아 오라"고 명령을 내렸습니다. 이것이 씨 뿌리는 자의 비유 속에 숨어 있는 하나님 나라와 사탄 나라 사이의 영적인 전쟁에 관한 비밀입니다.

한편, 예수께서 그의 제자들을 불러 모으셨습니다. 열두 명의 최측근 제자와 70인의 제자와 예수님의 사역을 돕는 여인들이 화기애애한 축제 분위기 속에서 하나님 나라의 전략회의를 합니다. 먼저 예수께서 제자들에게 묻습니다.

"사탄 나라가 이기냐? 하나님 나라가 이기냐?"

제자들은 즉시 이렇게 대답했습니다.

"예수님, 무슨 그런 섭섭한 질문을 하십니까? 당연히 하나님의 나라가 이기지요."

그러자 예수께서 다시 물었습니다.

"사탄의 나라가 어떻게 무너지는가?"

제자들은 대답했습니다.

"예수님이 하나님의 말씀을 하니까 사탄 나라가 무너지더군요."

예수께서 "그러면 하나님의 나라는 어떻게 임하느냐"라고 또다시 물었습니다. 그러나 제자들은 "동일하게 하나님의 말씀으로 임하지요"라고 답했습니다.

예수께서 제자들의 마음을 떠보기 위해 엉뚱한 질문을 하셨다고 가정해봅시다.

"야, 우리가 가지고 있는 무기라고는 달랑 하나님의 말씀 하나밖에 없구나. 만일 이 말씀이 역사하지 않는다면 우리는 어떻게 하냐? 우리의 무기를 다양하게 늘리기 위해 하나님 말씀 외에 다른 걸 좀 쓰면 안 되겠느냐?"

그러자 베드로가 대답합니다.

"주님, 우리를 시험하시려고 그런 말씀을 하시는 걸 다 압니다. 예수님의 말씀, 즉 하나님 말씀은 능력의 말씀이요 사탄의 머리를 깨부수는 말씀입니다. 하나님의 말씀 외에는 다른 것이 필요 없습니다(마 8:16 참고)."

이렇듯 사탄과 귀신들은 제자들과 사람에게서 하나님의 말씀을 빼앗아야 한다고 주장하고, 예수님과 그의 제자들은 하나님의 말씀을 내려놓으면 절대 안 된다고 주장합니다. 하나님의 말씀을 가운데 두고 말씀 빼앗기와 말씀을 빼앗기지 않기 위한 치열한 영적 전쟁이 일어나는 것입니다.

"말씀 내놓아라. 대신 더(?) 좋은 것 줄게."

"싫어!"

사탄은 다양한 방법으로 거짓말하고 협박도 하고 때로는 유혹도 합니다. 하지만 기억할 것은, 사탄이 우리에게서 빼앗아 가려는 것은 항상 최고의 가치가 있다는 사실입니다. 그 대신 사탄이 우리에게 주는 것에는 보물로 위장된 영혼의 쓰레기뿐입니다. 사탄이 신자들에게 제공하는 것들은 하나님의 아들과 딸로서 멋지게 살아가는 데 방해가 되는 것들입니다.

예수께서 결정적으로 십자가에서 영적인 전쟁의 승리를 이루셨지만, 그가 십자가에서 승리를 이루신 시점으로부터 그가 재림하는 시점까지 영적인 전쟁은 계속됩니다. 사탄은 이미 패배하여 예수님과 대결할 상대도 되지 않지만, 우리 신자와 싸우면 여전히 가공할 만한 힘과 위력을 가지고 있습니다. 그러므로 우리가 하나님 말씀으로 무장되어 있지 않으면 어떤 경우에도 그와 싸워 승리를 얻을 수 없습니다.

영적 전쟁의
승리 비결

—

앞에서 하나님의 자녀, 곧 그의 교회는 원리적으로 사탄, 곧 악한 자를 이겼고, 이기고 있다고 말씀드렸습니다. 그런데 어떻게 이 길 수 있습니까? 믿음으로 주 예수를 바라볼 때에만 이길 수 있습니다. 그렇다면 믿음이란 무엇입니까? 하나님의 말씀을 받아들이고 그 말씀에 반응하는 것입니다.

바르게 깨닫고 마음으로 받아들인 하나님의 말씀에 대한 반응은 두 가지입니다. 하나는 '기도'이고, 또 하나는 '순종'입니다. 이 두 가지 반응을 할 때, 하나님의 말씀이 우리 안에 성령의 역사로 내면화되고 마음판에 기록됩니다. 그럴 때 하나님의 말씀은 사탄 나라의 세력, 곧 사탄의 유혹과 위협을 무너뜨릴 수 있는 강력한

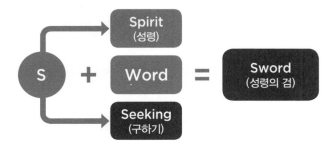

힘과 무기가 됩니다.

이 내용의 이해를 위해 아래 도표를 보기 바랍니다. 이것은 어려운 수학공식이 아닙니다. 이것이 무엇을 의미하는지 누구나 쉽게 알 수 있습니다.

S 더하기 Word는 검(Sword)이 됩니다. 그렇다면 S는 무엇입니까? Spirit(성령)과 Seeking(구하기)입니다. 우리가 깨닫게 된 하나님의 말씀을 믿음으로 받아 이 말씀을 가지고 기도할 때, 내주하시는 성령이 마음속에 역사합니다. 그때 우리는 하나님의 말씀으로 무장됩니다. 이럴 때 하나님의 말씀이 성령의 검이 됩니다. 그러나 하나님의 말씀을 거절하면 말씀으로 무장이 되지 않습니다. 뿐만 아니라, 이때 사탄은 뒤에서 하나님의 말씀 거절하기를 잘했다고 박수를 칩니다.

"그래, 잘했다. 난 네가 하나님의 말씀을 받아들일까 봐 얼마나 가슴 졸였는지 모른다. 네가 말씀대로 살겠다고 결심하고 기도할까봐 얼마나 근심했는지 아느냐?"

그러므로 하나님의 선포된 말씀에 내 영혼이 전율하듯 반응하며 기도할 때, 성령께서 역사하셔서 그 말씀은 성령의 검이 됩니다. 단지 하나님의 말씀을 읽는 것으로는 성령의 검이 되지 않습니다.

하나님의 말씀을 매일 열심히 읽는 성도는 미가엘이나 가브리엘 같은 천사나 스랍 천사 이상으로 매일 24시간 찬양하고 경배하며 입에서는 '할렐루야, 아멘'만 나와야 할 것입니다.

그러나 창세기부터 요한계시록까지 성경 지식으로 가득 차 있지만, 삶의 모습을 보면 '저 사람이 예수 믿는 사람이 맞나?' 하고 의심되는 사람이 있습니다. 심지어 신학교의 교수 중에도 이런 의심이 가는 교수가 있었습니다. 제가 16년 동안 신학대학교의 교수 사역을 해오면서 이론과 삶의 모습이 서로 다른 것을 여러 번 보았습니다. 하나님의 말씀, 즉 진리의 정보(information)에 의해 형성(formation)이 되려면 여기에는 반드시 간구(Seeking)의 S가 들어가야 합니다. "하나님과 그의 말씀 앞에 비춰진 나는 이렇게 초라하고 가련합니다. 어떻게 하면 좋습니까" 하고 절박하게 기도하는 S가 있어야 하는 것입니다. 하나님의 말씀을 깨닫고도 이와 같은 간구가 없으면, 우리가 주님의 말씀으로 무장되어 삶의 현장에서 승리할 수 없습니다.

마음 총의 예

저는 어떻게 하면 하나님의 말씀과 성령의 역사와 기도가 우리 속에 있는 죄를 무너뜨리는 것을 설명할 수 있을지 고민을 많이 했습니다. 전쟁터에서 승리하기 위해 총만큼 필요한 것이 없기에 총을 예로 들어 설명하겠습니다. 이 총의 이름은 '마음의 총'입니다.

적을 향해 총을 쏘기 위해서는 최소한 세 가지가 필요합니다. 제일 먼저 무기를 장전해야 합니다. 총알을 탄창에 넣어 장전을 해야 합니다. 두 번째는 표적을 향해 정조준을 해야 합니다. 정조준을 하지 않고 쏘면 적이 아니라 아군을 죽일 수도 있습니다. 자신을 쏘면 자신이 죽게 됩니다. 세 번째는 방아쇠를 당겨야 합니다. 이 세 가지는 반드시 항상 같이 가야 합니다. 세 가지 중에 하

성령의 인도에 따라 조준

마음 총

말씀의 총알 장전

기도와 순종의 방아쇠

나만 빠져도 절대 적이 쓰러지지 않습니다.

이와 같이, 신자의 마음 총에는 하나님의 말씀이라는 총알이 먼저 들어 있어야 합니다. 총은 있지만 총알을 장전하지 않고 방아쇠를 당기면 어떻게 되겠습니까. '딱딱' 하는 소리만 납니다. 영적인 적들은 두려워하지 않습니다.

반면 총알이 장전되어 있으나 아무데나 조준한다면 어떻게 되겠습니까? 아군을 쏠 수도 있습니다. 성령께서 쏘라는 표적을 조준하고 쏴야지 아군에게 쏘면 안 됩니다. 어떤 성도가 조금 마음에 들지 않는다고 하나님의 말씀으로 그를 쏘아서는 안 됩니다. 노트에 자기 마음대로 해결할 죄를 적어놓고, 오늘은 이것을 쏘고 내일은 저것을 쏘는 식으로 해도 해결되지 않습니다.

성령께서는 영적 전쟁의 상황에 따라 때마다 신자의 마음속에서 역사하십니다. "오늘은 교만을 쏴라. 오늘은 위선을 쏴라. 오늘은 나태한 것을 쏴라. 오늘은 신실하지 못한 것을 쏴라"라고 지시하실 것입니다. 자기 마음속에 어떤 죄가 가장 많이 쌓여 있느냐에 따라서 성령님이 그때그때 인도하여 조준하게 하는 죄가 다릅니다.

또한 마음 총에 말씀의 총알도 장전돼 있고 성령의 인도를 받아 조준도 잘 하고 있으나, 방아쇠가 잠겨 있는 상태에서는 방아쇠를 아무리 당겨도 아무 소용이 없습니다. 성경이 항상 내 머리

맡에 있고, 차 안에도 있고, TV 옆 소파에도 있지만, 그 말씀을 읽고 깨닫고 받아들이고 말씀에 반응하는 기도가 없으면 기도의 방아쇠가 잠겨 있는 것이나 다름없습니다. 사실 좀 더 정확하게 말하자면, 진정한 기도가 없으면 하나님의 말씀이 내 마음의 총에 장전되지 않습니다. 우리가 머리로 알고 있는 하나님의 말씀으로만 사탄과 싸워 이길 수 있다면 기도는 필요하지 않을 것입니다. 그렇지만 우리는 하나님의 말씀을 머리로 아는 것만으로는 영적인 전투에서 패배한다는 것을 너무나 잘 알고 있습니다.

요한계시록 일곱 교회의 예

신자의 영적 전쟁에 대한 가장 정확한 묘사는 계시록 2-3장에 나옵니다. 주님께서는 그의 사자들을 통해 영적 전쟁에 대해 말씀하시면서, 각 교회에 나타나셔서 그 교회의 문제와 해결책을 제시합니다.

"귀 있는 자는 성령이 교회들에게 하시는 말씀을 들을지어다. 이기는 그에게는 내가 '무엇 무엇'을 주리니."

이것은 주님께서 말씀하신 것을 듣고, 그의 말씀에 반응하고, 성령께서 교회에게 해결하라고 주신 주의 말씀을 듣고, 그 말씀대로 기도하면 이긴다고 말씀하시는 것입니다. 에베소 교회든 서머나 교회든, 버가모, 두아디라, 사데, 라오디게아, 빌라델비아 교회든 어느 교회나 상관없이 동일한 원리가 적용됩니다. 내 눈과 마음과 생각이 하나님의 말씀과 완전히 하나가 되어야 비로소 영적 전쟁터에서 죄와 싸워서 이기게 된다는 것입니다.

머리만 하나님의 말씀으로 무장되어 있는 것도 충분하지 않습니다. 성령의 인도를 받는 기도가 있어야 합니다. 하나님의 말씀을 받자마자 기도 없이 무조건 삶의 현장에 나가는 것도 안 됩니다. 그러면 의도했던 순종이 되지 않습니다. 한두 번은 순종하겠지만 그 이상 계속 할 수 없습니다. 진지한 기도가 없으면 마음 판에 하나님의 말씀이 기록되지 않기 때문에, 마음이 변화되지 않아 계속 순종하지 못하기 때문입니다.

PART 3

38

세상의 것들을
더 사랑하는 이유

———

세상이라는 전쟁터에는 어떤 것들이 있습니까? 요한일서 2장 15-16절은 이에 대하여 좋은 답을 제시합니다.

"이 세상이나 세상에 있는 것들을 사랑하지 말라 누구든지 세상을 사랑하면 아버지의 사랑이 그 안에 있지 아니하니 이는 세상에 있는 모든 것이 육신의 정욕과 안목의 정욕과 이생의 자랑이니 다 아버지께로부터 온 것이 아니요 세상으로부터 온 것이라."

이 말씀은 하나님의 자녀, 아버지를 아는 신자, 아비와 같은 자가 삶의 현장에서 싸우는 대상이 무엇인지 보여줍니다. "만일 누구든지 하나님의 자녀라고 하면서 세상 것들을 사랑하면 아버지의 사랑이 그 안에 있지 않다"라고 말씀합니다. 본문이 여기서 왜 '아버지의 사랑'이란 표현을 사용합니까? 우리 하나님 아버지의 이름은 사랑입니다(요일 4:8). 그런데 아버지의 사랑을 가장 많이 누리는 자는 자식입니다.

신자가 심겨진 하나님의 사랑밭은 올라가고 올라가도 끝도 없고 한도 없음을 앞에서 보았습니다. 우리 마음속에는 성령의 역사를 통해 하나님의 사랑이 한없이 부어집니다(롬 5:5). 하나님의 사랑에 의해 만들어진 그분의 자녀는 아버지를 향한 사랑의 노래를 한없이 불러도 부족합니다. 그런데 최고의 사랑을 누리는 하나님의 자녀가 삶의 현장에서 세상의 것들을 사랑한다면, 그가 진정 하나님의 사랑을 받고 있는 자녀인지 의심이 갈 것입니다.

이 말씀에서 "아버지의 사랑이 그 안에 있지 아니하니"라는 문구의 뜻이 애매합니다. 여기서 '그'는 세상을 사랑하는 자입니다. 이 문구 자체로는 세상을 사랑하는 그 사람 안에 하나님을 사랑하는 마음이 없다는 것인지, 아니면 그 사람 안에 하나님의 사랑을 받은 것이 없다는 것인지, 아니면 하나님의 사랑을 받은 자가 하나님을 사랑하는 것을 말하는 것인지 분명하지 않습니다.

요한일서에서 저자는 하나님께서 먼저 우리를 사랑하신 결과로 우리가 하나님을 사랑하고, 그의 자녀된 형제자매들을 사랑할 것을 교훈합니다(4:10-11). 이 사실에 비추어 볼 때, '하나님의 사랑'이란 문구는 하나님 아버지의 엄청난 사랑을 받은 결과 아버지를 사랑하게 되는 것을 의미합니다.

상식적인 사람이라면 자신을 사랑해주는 사람, 자기가 어려울 때 물질적으로 혹은 심정적으로 도움을 주고 이끌어준 사람을 절대 배반하지 않습니다. 설사 자기에게 도움을 주었던 사람이 나쁜 길로 가더라도 일방적으로 배반하지 않습니다. 사람들은 한두번 은혜를 입고 신세를 져도 배반하지 않습니다. 그런데 하나님의 사랑의 밭에 심겨져 언제나 사랑의 진액을 먹고 사랑의 나무로 자라는 하나님의 자녀가 세상에 속하여 세상맛에 빠져 산다는건 있을 수 없는 일입니다. 그래서 저자는 만일 하나님의 사랑을 받는 자녀가 세상을 사랑한다면 아버지를 진정으로 사랑하는 것이 아니라고 말하는 것입니다. 바로 이것이 '아버지의 사랑이 그 안에 있지 아니하니'라는 말씀의 뜻입니다.

육신의 정욕, 안목의 정욕, 이생의 자랑

그러면 16절이 말하는 '세상'은 무엇입니까? 이것은 단지 물리적인 세상이 아닙니다. 16절의 '육신의 정욕, 안목의 정욕, 이생의 사랑'이라는 세 가지로 요약되는 악한 세상입니다. 세 문구를 자세히 보면 하나로 긴밀하게 연결되어 있습니다.

도표를 보면 이 뜻을 쉽게 이해할 수 있습니다. 우리 '안에'는 '육신의 정욕'이 있습니다. 육신의 정욕은 악한 성품에서 나오는 욕심을 뜻합니다. '이생의 자랑'은 우리 '밖에' 있는 것으로 불신자들이 목숨 걸고 추구하는 세상의 자랑거리입니다. 예수께서 말씀하신 의식주의 문제가 대표적입니다(마 6:33). 보이는 인생을 살아가는 데 필요한 것으로 사람들이 목숨을 거는 것입니다. 그리고 '안목의 정욕'은 눈이 우리의 마음속에 있는 욕망을 실현하는 창구 역할을 함을 뜻합니다.

신자도 불신자와 같이 삶의 현장에서 자연인(구원 받지 못한 사람)의 눈으로 세상의 자랑거리를 볼 수 있습니다. 세상의 자랑거리는 우리 마음속에 있는 욕망에 불을 지릅니다. 그러면 마음속에 있는 육신(죄)의 욕망이 세상의 자랑거리를 실현하는 방향으로 움직이게 되는 것입니다.

물론 정욕의 주체는 죄악에 사로잡힌 육신입니다. 정욕의 대상은 우리 안에 있는 것이 아니라 우리 밖 세상에 있습니다. 우리가 밖에 있는 정욕의 대상을 보지 않으면 마음속에 있는 죄의 욕망은 잠자고 있습니다. 예를 들어 옷가게에서 정욕의 대상 중 하나인 옷을 보는 순간, 그 옷을 사지 않으면 안 된다는 욕망이 마음속에서 순간적으로 일어납니다. 물건을 보기 전에는 사야겠다는 욕망도 생각도 없습니다.

곰곰이 생각해 보십시오. 사람들이 단 한 번도 본 적도 없고, 들은 적도 없고, 생각한 적도 없는 것을 목숨 걸고 추구하겠습니까. 그것을 가지지 못했다고 해서 잠 못 이루겠습니까? 그렇지 않습니다. 보면 볼수록 마음속에 잠자던 욕망이 일어나서 가지고 싶어지는 것입니다. 이것을 견물생심(見物生心)이라고 합니다.

우리에게 욕망이 있는 것 자체가 문제는 아닙니다. 욕망은 누

3대 정욕의 도표

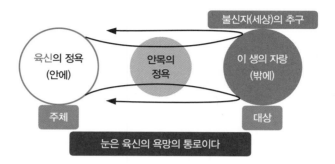

육신의 정욕
(안에)

안목의
정욕

이 생의 자랑
(밖에)

불신자(세상)의 추구

주체

대상

눈은 육신의 욕망의 통로이다

세 가지의 상호관계

정욕의 주체 : 육신

정욕의 통로 : 눈

정욕의 대상 : 세상의 자랑(의식주)

구에게나 있는 것입니다. 이러한 욕망에 대하여 어떠한 태도와 결정을 내리느냐가 문제인 것입니다.

신자의 참된 욕망은 아버지가 주는 것을 받아서 누리는 데 있어야 합니다. 그렇지 않고 세상의 것들을 추구하고 누리는 걸 욕망할 때 문제가 됩니다. 다시 말해 죄악된 육신의 것을 욕망하는 것입니다. 신자가 하나님의 말씀으로 무장되지 않으면 그의 눈은 자연인, 곧 불신자들의 눈과 다르지 않습니다. 그럴 때 신자의 눈은 죄악된 욕망이 원하는 대로 움직여 인생의 자랑거리를 사모하게 됩니다.

하나님의 자녀가 불신자들이 인생의 목적으로 추구하는 것들을 똑같이 바라보고 갈망하게 되면 결국 정욕과의 영적 전투에서 지게 됩니다. 따라서 신자는 하나님의 말씀으로 무장하여 말씀의 안목으로 세상 것들을 보아야 합니다. 그래야 그것들의 정체를 파악하여 영적 전투에서 승리할 수 있습니다.

세 사람(하와, 아간, 다윗)의 예

성경에는 이와 관련된 예들이 많습니다. 그 중에 중요한 세 가지 예는 하와와 아간과 다윗입니다. 먼저 하와를 생각해봅시다. 하와는 "그 나무를 본즉 먹음직도 하고 보암직도 하고 지혜롭게 할 만큼 탐스럽기도 한 나무인지라"(창 3:6)라고 했습니다.

하와가 이 나무를 본 것이 처음은 아닙니다. 그의 남편 아담이 이 나무에 대해 말해주었을 것입니다. 그래서 이 나무를 아담이 말한 관점에서 보았을 것입니다. 그러나 사탄의 말을 듣고 선악과를 보았을 때 이전과 전혀 다르게 보았습니다. 이 나무가 탐스러운 나무로 보인 것은 하나님 말씀의 시각(눈)을 버리고, 사탄의 말(시각)의 관점에서 보았기 때문입니다.

만일 하와가 아담을 통해서 들은 하나님 말씀에 유념하고 그 말씀의 안목으로 선악과를 봤다면 "이 나무는 저주를 가지고 올 것이고 죽이는 나무로구나"라고 인식하고 열매를 따먹지 않았을 것입니다. 그러나 사탄에게서 들은 말이 자신의 유일한 안목이 되어 하와는 '이것을 먹어야 행복해지고 먹어야 지혜로운 것이지'라고 잘못 판단한 겁니다. 그러므로 우리 속의 잠자는 죄악의 욕망에 불을 지르는 것이 바로 눈이라고 할 수 있습니다. 변화되지 않은 자연인의 눈은 항상 문제를 일으킵니다.

아간은 어떠했습니까? 여호수아 7장 21절은 "내가 노략한 물건 중에 시날산의 아름다운 외투 한 벌과 은 이백 세겔과 그 무게가 오십 세겔 되는 금덩이 하나를 보고"라고 합니다. 아간이 그 물건들을 보고 '우와, 이거 외제 아니야? 루이비통보다 낫네. 이렇게 귀중한 바벨론 산(시날산) 옷에 손도 못 댄다니. 이게 얼마나 낭비야?'라는 생각을 한 것입니다. 아간의 마음속에 여호수아를 통해 주신 하나님의 말씀과 자기 마음속에 일어난 욕심이 싸우기 시작했습니다. 그러나 그는 결국 하나님의 말씀을 내려놓습니다.

만약 아간이 이 물건을 보았을 때 "너희들은 여리고 성을 취할 때 여리고 성의 어떤 물건이든지 손대지 말라. 그것에 손을 대면 죽는다"라는 말씀(6:18 참고)이 그의 안목이 되어 그의 마음을 사로잡았다면 그가 어떻게 반응했겠습니까? "이것은 나를 평안하게 살게 할 것이 아니다. 잘못 건드렸다가는 저주받아 금방 죽겠다"라고 인식하며 외투와 금은을 취하지 않았을 것입니다. 우리가 어떤 행동을 할 때 항상 기억해야 할 것은, 영적 안목과 무기가 되는 하나님 말씀에서 무장해제하면 죄를 짓게 된다는 것입니다.

다윗 왕도 마찬가지입니다. 사무엘하 11장 2절은 "저녁 때에 다윗이 그의 침상에서 일어나 왕궁 옥상에서 거닐다가 그곳에서 보니 한 여인이 목욕을 하는데 심히 아름다워 보이는지라"라고 다윗이 간음하게 된 계기를 보여줍니다. 다윗 왕은 다른 날은 눈을 감고 다녔을까요? 아닙니다. 그는 늘 보고 다녔습니다. 그러나 이날 본 것은 특별한 의미가 있었습니다. 그때 다윗은 전쟁터에 나가 있어야 했지만 전쟁의 규정에 관한 하나님 말씀을 어기고 전쟁터에 나가지 않았습니다(1절). 다윗은 왕의 업무를 보기 위해 아침 일찍 일어나야 했지만 저녁에 일어났습니다. 누구든지 저녁에 일어나는 자가 영적으로 정신적으로 건강할 리 없습니다. 저녁에 일어나는 자녀에게 "너는 왜 이렇게 부지런하니? 저녁부터 일어나게"라고 말할 부모는 아무도 없습니다.

다윗 왕이 침상에서 저녁에 일어났다는 것은 그의 삶 가운데 하나님의 말씀이 무너졌고, 그의 영적 상태가 잘못되었음을 보여줍니다. 백성들이 전쟁하는 동안인데, 하나님 말씀의 시각에서 어느 것 하나라도 제대로 살피는 마음이 다윗에게 없었습니다. 그는 하나님의 시각에서 왕의 임무도 생각하고 있지 않습니다.

만약 하나님 말씀의 시각(눈)으로 이 여인을 보았다면 "아, 내가 왜 이래지? 그러면 안 되지"라고 욕망을 거부했을 것입니다. 그렇지만 그에게는 그런 모습이 없습니다. 다윗 왕이 "저 여인이 누구냐?"라고 물었을 때 "아무개입니다. 임금님의 충신의 아내입니다. 그 가문이 이렇습니다"라는 대답을 듣고 "오, 그러면 안 되지"라는 생각도 없습니다. 다윗 왕은 하나님의 말씀에서 무장해제된 상태이므로 하나님의 말씀이 그를 지키는 힘보다 여인을 취하려는 욕망이 더 커진 것입니다. 그래서 죄를 배척하기보다 세상의 자랑거리를 끌어당겨서 성취하려는 욕망이 그의 마음에 가득 차게 된 것입니다.

40

성령께서 기도를 통해
마음에 새긴 말씀

하나님의 말씀이 마음에 기록되어 마음의 안목이 되면 죄가 그 사람 속에서 힘을 잃게 됩니다. 그래서 성경은 눈을 강조합니다. 하나님께서는 눈을 가리켜 "너희로 방종케 하는 눈"이라고 말씀하셨습니다(민 15:39). 예수께서는 "몸으로 죄짓게 하는 눈"이라고 하셨습니다(마 5:29). 사도 베드로는 "음란으로 가득 찬 눈"이라고 하였습니다(벧후 2:14). 이 표현들은 눈이 잘못될 때 욕망을 따라 행하고 죄를 지으며 하나님을 배반하게 된다고 말합니다. 이런 이유 때문에 예수께서 "네 몸의 등불은 눈이라 네 눈이 성하면 온 몸이 밝을 것이요 만일 나쁘면 네 몸도 어두우리라"고 말씀하신 것입니다(눅 11:34).

하나님의 말씀이 우리의 영적인 안목이 될 때 그분의 말씀을 바로 깨닫고, 그 깨달은 말씀이 기도와 성령의 역사로 마음에 기록됩니다. 이럴 때만 하나님의 말씀이 우리 안에서 능력 있게 역사합니다. 하나님의 말씀은 비로소 마음의 눈(시각 = 영안)이 되고, 마음 안에서 강하게 역사하는 능력이 되는 것입니다. 이러한 상태에 도달했을 때 하나님의 말씀이 성령의 검이 되는 것입니다.

교회에서 하나님의 말씀을 들을 때 성도들은 대부분 자신이 참으로 복 받은 존재라고 확신합니다. 적어도 예배 때 선포되는 말씀을 듣고 집에 갈 때까지는 하나님의 말씀이 자신의 형편과 존재를 보는 거룩한 안목이 되어서 "나는 하나님 자녀라서 행복해. 하나님이 복 주시니까 행복해. 가진 것이 없어도 행복해. 어차피 이 세상의 모든 것은 내 것이야. 하나님께서 새 하늘과 새 땅을 내게 주시기로 했으니까"라고 고백하게 됩니다.

하지만 교회를 떠난 다음에는 이와 정반대로 복 받은 존재로 생각하지도 느끼지도 않습니다. 삶의 치열한 현장에서는 더더욱 자신이 복된 존재라는 인식이 미약해지거나 전혀 없게 됩니다. 교회에서 예배와 기도 가운데 가슴에 충만했던 행복한 고백은 기억으로만 남아 있을 뿐, 삶의 현장에서는 마음 어디에도 찾아볼 수 없습니다.

나보다 나은 사람, 나보다 잘 입은 사람을 보면 "내 신세가 왜 이래? 내가 복을 받긴 무슨 복을 받아. 모든 복이란 복은 다른 사람에게 굴러가고 나는 복의 따라지와 티끌조차 못 받았어"라고 불평합니다. 이렇게 한 주간을 지내다 다시 교회에 와서 "하나님, 제가 오늘은 주님 품에 있으니까 행복해요"라고 고백합니다. 그러나 다시 세상에 나가면 또 이전 모습 그대로 돌아갑니다.

왜 이런 삶이 반복됩니까? 우리 마음이 하나님의 말씀으로 무장되지 않았기 때문입니다. 그래서 삶의 현장에서 죄가 우리를 지배하고 다스리고 휘젓고 다니는 겁니다.

하나님께서 우리의 마음을 그분의 말씀으로 무장시키는 방법으로 주신 것이 '깨달은 말씀에 반응하는 기도'입니다. 우리는 말씀을 듣고 깨닫기만 할 것이 아니라 깨달은 말씀에 대한 반응으로 성령의 인도를 받아 기도해야 합니다. 기도가 아니고는 내 마음이 말씀으로 무장되지 않기에 하나님의 말씀이 삶의 현장에서 성령의 검으로 역사할 수 없는 것입니다.

성령께서 우리의 마음을 하나님의 말씀으로 무장시켜주실 때까지 기도하고 또 기도해야 합니다. 단지 한 번의 기도로 무장이 된다면, 하나님의 말씀으로 무장되어 삶의 현장에 나가지 못할 성도가 하나도 없을 것입니다.

하나님의 말씀으로
무장된 강한 신자

—

요한일서 2장 14절은 "너희가 강하다"라고 말씀합니다. 왜 저자는 독자들이 강하다고 말합니까? 저자는 "하나님의 말씀이 너희 안에 거하시기 때문이다"라고 설명합니다. 이것은 하나님의 말씀이 머리에 잠깐 스쳐 지나가거나 입에만 있는 것을 말하는 것이 아닙니다. 하나님 말씀이 우리의 마음을 영구적인 주소로 삼을 때 그 말씀은 우리 안에 계속해서 머물 수 있습니다. 인간적인 표현을 사용하면 그 말씀은 외출도 안 나가고 가출도 하지 않습니다.

　말씀의 역사는 성령을 통해 더욱 강해져서 결코 헛되지 않으며 직무태만도 하지 않습니다. 이전에는 우리가 정욕의 대상을 보았을 때 그것이 우리를 끌어당기는 힘이 굉장했으나, 하나님의 말씀이 마음에 들어와 안목이 되면 죄의 힘과 세력이 약해집니다. 하나님의 말씀이 우리 속에 강해졌기 때문에 욕망이 우리를 사로잡을 수 없게 되는 것입니다. 그래서 하나님의 말씀을 무기로 장전한 신자에게는 아무리 욕망의 유혹이 와도 그 욕망이 그에게 힘을 쓰지 못하는 것입니다. 마음이 하나님의 말씀으로 무장된 신자에게는 그 말씀이 성령의 검으로 강력하게 역사하므로 육신의 욕망이 아니라 성령의 소욕이 이루어지는 것입니다. 이러한 이유 때문에 바울은 "너희는 성령을 따라 행하라 그리하면 육체의 욕심을 이루지 아니하리라"고 말씀한 것입니다(갈 5:16).

이와 관련하여 간단한 예를 생각해봅시다. 주일예배에 참석하는 신자라면 아무리 바쁘고 급한 일이 생겼다고 할지라도 주일 아침에 예배드리러 갈 건가 말 건가 고민하는 분은 없을 것입니다. 고민의 대상이 안 됩니다. 그런 단계를 이미 초월했기 때문입니다. "하늘이 무너져도 주일은 교회에 나가 예배 드려야 한다"는 의식이 이미 마음판에 기록되어 있기 때문에 주일에 교회 갈까 말까를 놓고 고민할 필요가 없는 것입니다.

이런 단계에 있는 성도는 눈이 와도 비가 와도, 아무리 급한 일이 있어도 주일에는 예배를 드립니다. 이런 성도는 주일에 친척이나 친구의 결혼식에 안 가서 좀 오해를 받는다 해도 사람을 통해 부조금을 보내고, 아무 일도 없는 것처럼 주일에 예배를 드립니다. 왜 그렇게 행동합니까? 어떤 상황에서도 예수님을 믿고 그 믿음을 행동으로 표현해야 한다는 생각이 마음의 중심에 존재하기 때문입니다. 어려운 일이 생겨도 "환란이 크니까 나는 잠깐 예수 믿는 것 접어야 할까 봐"라는 생각은 안 합니다. 마음속에 시작된 믿음과 하나님의 말씀이 100퍼센트 일치되어 하나가 됐기 때문에 어떤 상황에서도 믿음생활에 변덕이 생기지 않습니다.

하나님의 말씀이
머리에만 있는 약한 신자

"하나님께로 난 자는 형제를 사랑하느니라"라는 하나님의 말씀이 머리에 있지만 가슴에 기록되어 있지 않으면 어떻게 됩니까(요일 5:1)? 사랑해야 하는 형제가 바로 눈앞에 나타나는 순간 자연스럽게 그 형제를 미워하게 됩니다. 머리로는 형제를 사랑해야 한다는 것을 알지만 마음은 아직 마음 중심으로 사랑할 수 있는 상태로 변화되지 않았기 때문입니다.

어떤 신자는 형제를 미워하는 것이 자기가 잘못한 것이 아니라 그 시간, 그 장소에 형제가 나타나 원인 제공을 했기 때문이라고 변명하기도 합니다. 이런 신자는 성냥불과 같은 사람입니다. 휘발유도 있고 산소도 있지만 성냥불이 없으면 불은 붙지 않습니다. 그런데 이 사람은 자기 스스로 성냥불이 되어 죄와 욕망의 휘발유에 불을 붙이기 때문입니다.

하나님의 말씀이 신자의 마음 안에 거하지 않은 만큼 미움과 시기와 질투가 그 안에서 왕 노릇합니다. 형제 사랑과 관련된 하나님의 말씀이 자신의 마음 판에 기록되어 있지 않아 머리로 '형제를 사랑해야 되는데, 자매를 사랑해야 하는데'라고 생각만 하게 됩니다. 그리고 계획하지도 의도하지도 않았던, 형제를 미워하는 말과 행동을 하게 되는 것입니다. 다른 문제들에서도 우리가 이런 상황에 놓인다면 욕망과 탐욕과 세상 것들과의 싸움에서 질 수밖에 없습니다.

저는 저 자신에 대하여 종종 크게 실망하거나 자괴감을 느낍니다. 어떤 행동 자체가 윤리적인 문제와 크게 상관이 없을 경우에는 생각하고 결정하는 즉시 행동에 옮기는 저 자신을 봅니다. 그 점에서는 굉장히 탁월합니다. 예를 들면, 아무리 바빠도 새로운 영화가 개봉되었다는 소식을 들으면 영화를 볼까 말까 고민하다, '보자'라고 결정하면 벌써 컴퓨터나 아이폰으로 그 영화를 상영하는 영화관과 상영시간을 확인하고 예약합니다. 음식이나 간식을 먹는 문제도 오래 고민하지 않습니다.

그러나 윤리적인 의무나 영적인 활동에서 우리는 그렇게 민첩하게 행동하거나 즉각 실행에 옮기지 않습니다. 생각이 들어도 즉시 행동의 옮기는 경우는 많지 않은 것입니다. 예를 들면 '기도할까 말까' 고민하다가 '기도하자'로 마음을 정하고 기도하는 경우는 많지 않습니다. '아니 뭐 내일 기도할 수도 있는데'라고 생각하며 미룹니다. 이렇게 신앙적인 행동과 윤리적인 행동에 있어서는 느립니다. 우리 몸은 이미 죄의 도구가 된 지 오래이기 때문에 습관화된 죄의 관성의 법칙에 의해 어제 내 손을 사용하던 죄가 오늘도 나를 사용하는 것입니다.

하나님께서는 이러한 문제를 해결하기 위해서 창세기부터 계시록까지 그분의 모든 말씀을 우리에게 한꺼번에 주시지 않습니다. 상황에 따라 적합한 말씀이 내주하는 성령의 역사를 통해 우리에게 하나씩 주어집니다. 이때 우리는 하나님께서 주신 말씀이 마음 판에 기록될 때까지 기도해야 합니다.

우리가 할 일은 기도하는 것이고, 성령께서 하시는 일은 적절한 말씀을 기도하는 자의 마음 판에 기록하시는 것입니다. 이런 과정이 계속 되면, 이전에 아무리 노력해도 안 되던 것이 우리가 의도적으로 노력하지 않았는데도, 우리가 그 상황에 놓이면 마음 중심으로부터 하나님 말씀대로 행하는 놀라운 일이 생깁니다. 그때부터는 그 문제에 관한 한 '주일에 교회에 갈까 말까' 혹은 '예수 믿을까 말까'라고 고민하지 않는 것처럼 고민하지 않게 됩니다.

이와 같이 영적이고 윤리적인 행동의 분야와 범위를 넓히는 것이 성도들의 영적 성숙입니다. 이것은 아주 단순한 원리이지만 아주 중대한 영적 성장의 비결입니다.

PART 3

43

결론과 권면과 기도

요약과 결론

지금까지의 내용을 정리해봅시다. 우리는 하나님의 말씀으로 무장된 강한 청년이 되기를 열망해야 합니다. 말씀의 무장을 위해서는 하나님의 말씀을 읽는 것으로만 끝나선 안 됩니다. 말씀을 듣는 것으로만 끝나도 안 됩니다. 기도만 하는 것으로 끝나도 안 됩니다. 그러면 수박 겉핥기밖에 되지 못합니다. 이제는 어떻게 하든지 하나님의 말씀과 내 마음이 온전히 하나 되는 데까지 이르러야 합니다. 그렇게 되면 세상에 있는 것들, 곧 육신의 정욕, 안목의 정욕, 이생의 자랑이 우리를 세상으로 깊이 끌어당겨 패배한 자로 살지 않게 됩니다. 성경에서 "너희가 악한 자를 이겼다. 너희는 강하며 하나님의 말씀이 머리에 있고, 가슴에 거하고 있어, 흉악한 자를 이기었다"라는 말씀처럼 세상에서 말씀으로 죄와 싸워 승리하는 신자가 되기를 바랍니다.

권면과 기도

하나님의 말씀은 나이와 상관없이 우리를 젊게 합니다. 눈을 빛나게 하며, 감정을 거룩하게 하고, 우리의 열정이 하나님 나라를 향하여 불타게 합니다. 이와 같은 말씀의 엄청난 능력을 알지만, 그에 비해 우리가 말씀을 사모하는 건 너무 부족하고 빈약하고 미약합니다. 성경 말씀이 우리 안에 거하기는커녕 읽지도 주목하지도 않는 단계에 머물러 있습니다.

가장 순도 높고 농도 짙은 말씀의 진액이 가장 많이 우러나오는 설교 시간에도 집중하지 못하는 우리를 불쌍히 여겨 주시길 기도하십시다. 성경을 읽거나 설교를 듣거나 믿음의 형제들과 교제할 때 가슴에 부딪치는 말씀이 하나님께서 우리 각자에게 주시는 말씀인 줄 알고, 그 말씀을 붙잡고 기도합시다. 아무리 교활한 죄가 "나중에 해라. 지금은 바쁘잖아"라고 우리 속에 속삭이며 항상 빠져나갈 핑계를 찾을지라도, 우리는 하나님의 말씀이 내 마음 판에 기록되어 나를 그분의 영원한 거처로 삼아, 그분이 나의 주인으로서 거하시기까지 변화되도록 기도해야 할 것입니다.

"하나님 아버지의 말씀과 날마다 건강하고 역동적인 관계를 맺으며, 세상에서는 죄와 싸워 이기는, 말씀으로 무장된 청년으로서 살도록 은혜를 내려주옵소서."

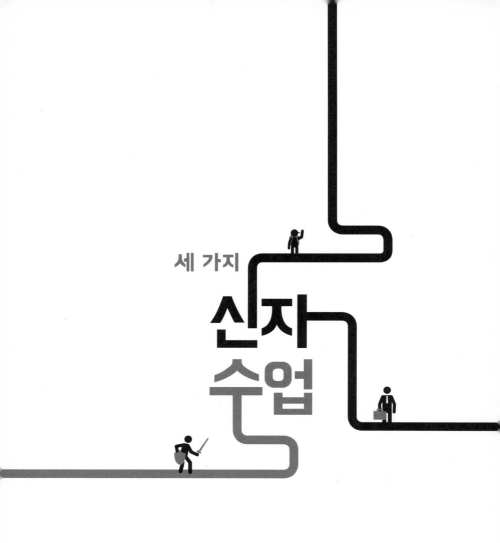

세 가지

신자
수업